Der Blockwart

wohnte nebenan

Eine Jugend in der Nazizeit

Von Elisabeth Piper

Herausgegeben von Albrecht Piper

1. Auflage, 2020

twentysix.de Norderstedt
Covergestaltung: Daniel Bauer / zweiband.de

TWENTYSIX- Der Self-Publisher-Verlag
Eine Kooperation zwischen der Verlagsgruppe
Random House und BoD- Books on Demand
Herstellung und Verlag:
BoD – Books on Demand, Norderstedt

ISBN: 978-3-7407-8221-4

Inhaltsverzeichnis

Vorwort des Herausgebers

Meine Mutter zur Niederschrift dieser Erinnerungen zu bewegen war nicht leicht. Ich schaffte es erst, als sie sich dazu durchgerungen hatte, ihre über fünf Jahrzehnte andauernde Laufbahn als Berufsjournalistin endgültig zu beenden. Geschrieben hat sie viel in ihrem Leben, das Archiv ihrer Zeitungsartikel, die sie alle sorgfältig abgeheftet hatte, füllte ein ganzes Kellerregal. Und natürlich gehörten zu ihren Themen auch immer wieder selbst beobachtete Ereignisse, Dinge die ihr aufgefallen waren oder von denen sie meinte, das lohne doch mal einen Artikel.

Aber über ihr eigenes Leben hat sie in all den Jahren und Jahrzehnten nie auch nur eine einzige Zeile verloren. „Wen soll denn das interessieren?" war ihre Standardantwort in Form einer rhetorischen Frage, wenn ich ihr nahelegte, doch mal ihre Memoiren zu verfassen. Mein Einwand war dann immer: „Aber es gibt nicht mehr viele aus deiner Generation, die Krieg und Nazizeit noch bewusst erlebt haben."

„Das ist wohl wahr", kam es dann nachdenklich zurück.

2003 waren meine Eltern umgezogen, aus ihrem Haus, das sie 1957 gebaut hatten in der Heidesiedlung in Hannover-Kleefeld, in ein nahe gelegenes Senioren-Wohnstift. Dort begann meine Mutter natürlich sofort, ein Stiftsblatt für die Bewohner zu schreiben und herauszugeben – „Neues vom Beirat" und was das Stiftsleben aus Malkursen, Sitz-Yoga für Senioren, gemischten Chören und so weiter an Themen hergaben. Ihr anfängliches Interesse für diese Stiftzeitung und vielleicht für ihre berufliche Passion für den Journalismus insgesamt erlahmte erst, als mein Vater im Jahr 2011 mit 96 Jahren starb. Ab diesem Zeitpunkt begann sie zu stöhnen, wie sehr ihr „das Stiftsblatt zuviel wird“, und sie gab die Sache ab.

An diesem Punkt, als sie erstmals seit 1947 wieder Single war und ihre Tage länger und einsamer wurden, gelang es mir, ihr das Projekt „Lebenserinnerungen“ schmackhaft zu machen. Zu diesem Zeitpunkt war sie schon 83, zwar schon ziemlich gebrechlich mit Rollator unterwegs, aber geistig noch völlig klar im Kopf. Solange das noch so war, wollte ich, dass sie das aufschreibt, woran sie sich noch erinnert. Nicht mehr und nicht weniger.

So setzte sie sich an den Computer und fing an zu schreiben.

Ihr Text endet mit dem Beginn ihrer glücklichen Zeitungsjahre, 1949. Damals fing sie ein Volontariat bei der „Hannoverschen Presse“ an. Es war vielleicht die schönste Zeit in ihrem Leben, sie und mein Vater heirateten 1950. Ihre Ehe wurde, wie vor dem Traualtar feierlich versprochen, erst mit dem Tod meines Vaters geschieden. Nach 61 Jahren.

Je näher meine Mutter ihrem Tod kam (sie starb kurz vor ihrem 91. Geburtstag im Januar 2019), desto mehr war klar, dass sie ihre Erinnerungen nicht weiterschreiben würde. Sie baute ab, körperlich und auch geistig, die Dinge entglitten ihr. Schwer setzte ihr die Gewissheit zu, dass „der Kopf nicht mehr mitmacht“, auf den sie ihr ganzes Leben lang so stolz gewesen war. Das, was sie bei noch klarem

Erinnerungsvermögen aufgeschrieben hatte, habe ich nach ihrem Tod aus ihrem Computer „gerettet". Den Text habe ich nur behutsam redigiert – einige Doppelungen entfernt, ansonsten aber abgesehen von Tippfehlern und wenigen stilistischen Dingen nichts verändert.

Wo es mir ratsam erschien, habe ich einige ergänzenden Anmerkungen in Form von Fußnoten eingefügt, ebenso sind die Unterschriften der Bilder von mir. Die Aufnahmen stammen aus ihrem privaten Fotoalbum. Manchmal frage ich mich, warum meine Mutter nie das Bedürfnis hatte, sich ihre Kriegserlebnisse schon früher von der Seele zu schreiben. Viele ihrer Generation haben das getan – aber vielleicht war gerade das der Grund, warum sie es unterließ.

Viele haben diese Zeit verdrängt; auch mein Vater, der schon im Mai 1940 in britische Kriegsgefangenschaft geriet und den Rest des Krieges in einem kanadischen Lager verbrachte. Darüber sprach er nie. Nur ein einziges Mal gab er mir darüber Auskunft, in den 90er Jahren. Meine Mutter lag nach einer Augenoperation im Krankenhaus, er und ich saßen allein zuhause in unserem Wohnzimmer, ich holte eine Flasche Wein aus dem Keller und brachte ihn dazu, mir etwas über diese Zeit zu erzählen. Lange und ausführlich. Es war das einzige Mal.

Ich wünsche diesem Buch viele Leserinnen und Leser, natürlich und vor allem auch aus der jüngeren Generation – nicht zuletzt auch als Warnung, was Krieg und Nazizeit in der Realität bedeutet haben.

Albrecht Piper – Februar 2021

<u>**Kurzes Glossar der im Text erwähnten Orte:**</u>

Kirchrode: früher eigenständiges Dorf, seit 1907 Stadtteil von Hannover

Eilenriede: Stadtwald im Zentrum von Hannover

Hemmendorf (Geburtsort meiner Mutter): in der Nähe von Hameln/Pyrmont, ca. 45 km südlich von Hannover

Sarstedt: Kleinstadt ca. 20 km südöstlich von Hannover

Giften: Dorf, ca. 4 km südlich von Sarstedt

Glückliche Kinderjahre

An einem Märztag 1937 goss es morgens wie aus Kübeln, als ich zur Schule gehen wollte. Ein Regentag ist nichts Besonderes. Verrückt ist nur, dass dieser Regentag unbemerkt und auf ganz alltägliche Art eine Weiche für mein ganzes Leben umlegte.

An diesem Morgen also stand ich auf meinen dünnen neunjährigen Beinen in unserer Haustür in der Metzer Straße in Hannover-Kirchrode und hielt durch den Regenvorhang Ausschau nach Gisela und Ingrid, den beiden Nachbarskindern, mit denen ich gemeinsam zur Schule pilgerte.

Normalweise bekamen wir Kinder aus dem schulfernen Viertel bei Regenwetter einen „Groschen" für die Straßenbahn, das waren zehn Pfennig, Gegenwert von zwei „Schiffchen Eis". Aber Ingrids Vater hatte schon ein Auto, das einzige in unserer kleinen Straße. Bei schlechtem Wetter fuhr er uns meist zur Schule. An diesem Regentag war er früher als üblich abgefahren. Mich hatte er einfach stehen lassen. Wertvolle Zeit verging mit Warten, trotz Straßenbahn kam ich zu spät zur Schule, viel zu spät, den Tränen nahe.

Die Verspätung wurde mir ohne Aufhebens verziehen, aber der stolze Autobesitzer verkündete am nächsten Tage: „Das kann eben passieren. Schließlich habe ich es ja nicht nötig, dich zur Schule zu fahren." Ich fand das „richtig gemein", stillschweigend vor der Zeit abzufahren. Darum hatte seine Bemerkung Nachwirkungen, von denen später die

Rede sein wird.

Von der Nazizeit merkten wir Kinder in den ersten Jahren wenig. Es stellte sich aber heraus, dass in unserer kleinen Straße mit knapp zwei Dutzend Häusern zwei erklärte Nazis wohnten, einer direkt neben uns, der bald "Blockwart" wurde, und einer schräg gegenüber, dessen Frau selbst im Badeanzug ihr Mutterkreuz umhängen hatte. Mit diesem Nachbarn, einem Herrn Henke, hatte ich 1936 ein die neuen Tatbestände beleuchtendes Erlebnis:

Ich, acht Jahre alt, begegnete ihm und sagte: „Guten Morgen, Herr Henke." Er rief mich zurück. „Wie heißt das?"

„Guten Morgen, Herr Henke. Hab ich aber gesagt."

„Das heißt Heil Hitler."

„Ach so. Mein Vater hat gesagt, zu Nachbarn brauchte ich das nicht zu sagen."

„Zu wem denn?"

„Na, zu Leuten, die ich nicht kenne."

Tatsächlich stellte Henke, Lehrer wie mein Vater, seinen Kollegen daraufhin zur Rede. Mein Vater konnte ihn abwimmeln. „Warum erzählen Sie mir das? Elisabeth ist acht Jahre alt. Wollen Sie ein großes Gewese anstellen um das, was ein achtjähriges Kind sagt?"

Der Nachbar machte dann tatsächlich kein „Gewese". Weil er nämlich dauernd unsern Rasenmäher lieh, sagten meine Eltern, und überhaupt oft um nachbarliche Gefälligkeiten ersuchte. Die wollte er sich nicht verscherzen. Unser Vater konnte oft seinen Mund nicht halten, aber die gebotene Vorsicht lernten wir, auch ich. Zum Beispiel sagte man in unserm Garten manches lieber nicht, denn nebenan wohnte der Blockwart, Herr Herwig, der zweite straffe Nazi in der Metzer Straße.

Vorgriff: Als es nach dem Kriege die „Entnazifizierung" gab, war mein Vater Vorsitzender in einer der vielen Kommissionen, die von der Militärregierung und der noch provisorischen neuen deutschen Verwaltung gebildet worden waren. Nachbar Henke kam sehr demütig zu ihm und wollte lieber Kommunist gewesen sein. Er bat, ein gutes Wort für ihn einzulegen.

Mein Vater sagte: „Sie wissen doch selbst, dass Sie fanatischer Nazi waren. Ich kann allenfalls sagen, dass Sie meines Wissens keine verbrecherischen Taten auf dem Gewissen haben". Als „Mitläufer" kam Henke davon. Er und seine Super-Nazi-Frauenschafts-Ehefrau hatten hinfort nie wieder eine große Klappe.

Wir waren während der Nazizeit offen befreundet mit einer alten Dame namens Martha Hoff, einer verwitweten Nachbarin, die aus ihrer Abneigung gegen die Nazis kein Hehl machte. Ihre Tochter Ursel und ihr Mann, ein jüdischer Wissenschaftler, waren schon 1934 in die USA ausgewandert. Nachbar Henke und seine Frau nannten Frau Hoff "die Judenmutter", ließen sie das auch gern hören. Aber die überwiegend Nicht-Nazi Nachbarschaft, dazu der treue Freund der Familie, Dr. Röder, Direktor der Wilhelm-Raabe-Schule, in der Ursel Hoff Abitur gemacht hatte, konnten gemeinsam die Hand über sie halten.

1937 kam Tochter Ursula mit ihrem kleinen Sohn (aber vorsichtshalber ohne ihren Mann) noch einmal nach Deutschland, um "Omili" in die USA zu holen. Es ging der Familie dort sehr gut. Mit offenen Armen war das junge Ehepaar in Princeton aufgenommen worden. Beide spielten sehr gut Geige und waren sofort in musikalischen Freundeskreisen willkommen. Aber unsere Nachbarin war der festen Meinung, „das mit Hitler" könne nicht lange dauern. Sie wollte ihr Haus nicht verlassen, um es ganz sicher als Erbschaft für die junge Familie zu erhalten. Und sie hing an Hannover, wo ihr Mann ein stadtbekannter angesehener Arzt gewesen war und wo sie sich beschützt fühlte.

Diese Entscheidung war verhängnisvoll, denn 1939 begann der 2. Weltkrieg. Über Mittelsmänner in der Schweiz blieb ein vorsichtiger Briefwechsel erhalten, so dass die Mutter wusste, wie gut es der jungen Familie in der Universitätsstadt Princeton ging. Tochter und Schwiegersohn durften sofort lehren.

Die Mutter in Deutschland stand sozusagen unter dem Schutz der Nachbarschaft, in der es außer den Nachbarn Henke und Herwig nur noch einen Nazi gab, einen missmutigen, unscheinbaren Mann, der nicht ganz ernstgenommen wurde. Als zum ersten Mal auch in unserer Straße Bomben gefallen waren, ging trotz aller Vorsicht der Zorn mit unserer alten Nachbarin durch. Sie rief dem Nazi Henke vom Balkon den Satz ins Gesicht: "Das habt ihr nun von eurem geliebten Adolf, bedankt euch bei dem!" Der Nachbarschaft gelang es, die Wogen zu glätten.

Martha Hoff starb in der Bombenzeit im Henriettenstift

an Lungenentzündung. Ich konnte sie ganz zuletzt noch einmal besuchen und ihr zwei Einmachgläser mit Obst aus unserem Garten bringen. Sie lag im Luftschutzkeller, Tag und Nacht in schrecklicher Luft, wie alle Patienten, die nicht selbst Treppen gehen konnten. Antibiotika gab es noch nicht. Sie hatte keine Chance, ihre Lieben wiederzusehen.

Erste Schuljahre

Grundschulen hießen damals einfach „Volksschule", sonst waren sie namenlos. Unsere war alt, aus dunkelrot glänzenden glasierten Backsteinen kunstreich gemauert, mit dezenten eisernen Verzierungen und schönen Sprossenfenstern. Innen hatte sie knarrende Holztreppen und Ofenheizung. Sie wirkte gleichzeitig stolz und gemütlich. Heute stünde sie wahrscheinlich unter Denkmalschutz. Als sie in den Wirtschaftswunder-Jahren abgerissen wurde, erregte das kein Aufsehen.

Die Schule lag unmittelbar am schönen Tiergarten in Kirchrode. „Ganz oben im Dorf" hieß diese Gegend an der Grenze zu Anderten. Oben? Na ja, unser Schulweg ging tatsächlich die Hälfte der Strecke leicht bergauf. Das war für kleine Stadtkinder immerhin eine gute halbe Stunde Fußweg mit Schulranzen, morgens und mittags. Aber das war nicht das Problem.

Der Weg zog sich meist noch länger hin, weil wir selten einträchtig wanderten. Vor allem auf dem Heimweg hatten wir keine Eile mehr und zankten uns, zwei gegen eine, in wechselnder Koalition. Einig waren wir nur, wenn wir den steinharten Stiefeln eines sehr flinken, sehr frechen Knirpses ausgesetzt waren, der mit Vorliebe gegen Schienbeine trat.

Es fand sich eine schnelle Lösung aller Schulwegkonflikte, deren Folgen für meinen Lebenslauf damals nicht zu erahnen waren. Gerade war eine brandneue Regelung bekannt geworden, dass von der Grundschule empfohlene „geeignete Kinder" schon nach drei statt nach vier Jahren auf die sogenannte „Höhere Schule" wechseln könnten.

Meine Eltern fanden das gut. Dann wäre doch Schluss mit dem Schulweg-Gezanke, und mit dem rabiaten Knirps und seinen steinharten Stiefelspitzen hätte ich auch nichts mehr zu tun. Dieser Gedanke gefiel mir. Außerdem könnte meine acht Jahre ältere Schwester zwei volle Jahre ein Auge auf mich haben, da wir ja denselben Schulweg zur Wilhelm Raabe-Schule haben würden, mit halbstündiger Straßenbahnfahrt. Unsere Eltern fanden diesen Gesichtspunkt besonders günstig.

Bei meiner großen Schwester und mir war die Begeisterung für diesen Teil der Aussicht allerdings eher gedämpft. Ich fand, den Weg zur Schule fände ich schon allein, und sie hatte keine Lust, auf mich aufpassen zu müssen, auch „keine Zeit", da sie doch gerade „Unterprima" und „Oberprima" vor sich hatte. Das klang sehr erwachsen und beeindruckte mich.

Die Straßenbahnfahrt legte ich sofort allein zurück. Ich nahm einfach eine Bahn früher als meine Schwester, die stets in letzter Sekunde, eine Minute vor Torschluss, am Schulhoftor eintraf. Wer zu spät kam, musste am Lehrereingang klingeln und wurde vom Schulvoigt streng ermahnt.

1937 hatten alle Oberschulen noch neun Jahrgänge.

„Sexta, Quinta, Quarta" war die Unterstufe für das kleine Gemüse. In "Unter- und Obertertia" galt man als älteres Schulkind schon mehr. Ab "Untersekunda" endete die Schulpflicht. In den letzten, nun kleineren Klassen (Unter- und Oberprima) wurde ernsthafte Arbeit für das Abitur erwartet. Damals war die Wilhelm Raabe-Schule noch eine reine Mädchenschule. Koedukation gab es damals nur in der Volksschule, nicht in Gymnasien.

Bald nach Kriegsbeginn wurde die Untersekunda „reichseinheitlich" abgeschafft. Wir sprangen direkt in die Obersekunda, in der man als erwachsen galt. Ab Obersekunda siezten uns die Lehrer, auch mich, obwohl ich die Jüngste war.

Die Jugend sollte nicht so lange zur Schule gehen, sie wurde für den geplanten Krieg gebraucht. Weil ich also 1937, ein Jahr früher als mein Jahrgang, auf das Gymnasium wechselte, und nur deshalb, endete meine Schulzeit im irren Kriegsherbst November 1944 mit einem „Notabitur", als ich 16 Jahre alt war.

Hitlerjugend und BDM

Ab 1938 wurde die Zugehörigkeit Pflicht. Mit 10 Jahren wurden alle Kinder einfach vereinnahmt, ob die Eltern es wollten oder nicht. Mädchen wurden "Jungmädel", Jungen wurden "Pimpfe". Meine große Schwester war 1938 schon 18 und kam mit ein paar Monaten BDM davon, dann musste sie ins Eichsfeld und in einem Dörfchen namens Immingerode[1], das sie nicht gerade vorteilhaft beschrieb, ihren Arbeitsdienst ableisten.

Die Hitlerjugend bzw. der „Bund Deutscher Mädel" blockierte durch sogenannten „Dienst" zwei Nachmittage in der Woche, mittwochs und leider auch sonnabends, oft zusätzlich auch noch den Sonntagmorgen. Da mussten wir zu Ereignissen "antreten" (so der Ausdruck für jeden Extradienst), bei denen Hitlerjugend zu sehen sein sollte. Das Lästigste daran war, dass wir entsetzlich lange vor einem Termin in der Stadt oder sonstwo zum Sammeln für die gemeinsame Fahrt bestellt wurden. Ich weiß noch, dass einmal Hitler in einem Zug an Hannover vorbeirollte. Wir säumten stundenlang, natürlich in "Kluft", seine Bahnstrecke, damit wir 20 Sekunden mit Fähnchen winkten.

Wir trugen zum Dienst "Kluft", so hieß die Uniform: weiße Bluse, dunkelblauer Rock, ein kurzes, senffarbenes Jäckchen, dazu ein schwarzes Halstuch, das von einem aus Lederstreifen geflochtenen "Knoten" zusammen gehalten wurde. Weiße Söckchen oder weiße Kniestrümpfe waren Vorschrift. „Führerinnen" trugen farbig gedrehte Kordeln in unterschiedlichen Farben an ihrem ledernen "Knoten", die ihren Rang zeigten. Der unterste war "Schaftführerin", erkennbar an der rot-weißen Kordel. Alles andere habe ich vergessen.

Vergessen habe ich auch, wie wir uns "in Kluft" gegen winterliche Temperaturen schützen durften. Erlaubt war ein gestricktes "Berchtesgadener Jäckchen", das unter der gelben Jacke noch Platz hatte. Erlaubt waren auch lange Strümpfe, denke ich, aber darin wurde man unter Umständen schon mitleidig angeguckt.

Nicht vergessen habe ich: Im Winter gab sogenannte

„Heimabende", die aber nachmittags stattfanden. Da wurde gebastelt, gespielt und gesungen, Volkslieder und Kanons. Später kam "Schulung" dazu, die meiner Erinnerung nach grausam langweilig war und vermutlich deshalb glücklicherweise kaum ins Gehirn drang.

Frühling, Sommer und Herbst dagegen waren stramme Jahreszeiten. „Antreten! Der Größe nach aufstellen! In Dreierreihen aufstellen! Im Gleichschritt, marsch!" Es hieß tatsächlich „Im Gleichschritt marsch", und so zogen kleine Mädchen ab zehn uniformiert in Dreierreihen und im Gleichschritt singend durch die Straßen. Von Zeit zu Zeit ließen sich „Führerinnen" an der Kolonne zurückfallen, um Gleichschritt und eifriges Mitsingen zu kontrollieren.

Meist sangen wir überlieferte Wanderlieder, also keine Nazilieder, aber peinlich war mir das Marschieren mit Gesang trotzdem. Bei strahlender Sonne sangen wir zum Beispiel „Wildgänse rauschen durch die Nacht, mit schrillem Schrei nach Norden, unstete Fahrt, hab acht, habt acht, die Welt ist voller Morden." Wie bald das Morden tatsächlich anfangen würde, ahnten wir nicht.

Die folgenden düsteren Strophen des Liedes kannte ich gar nicht, wusste auch nicht, dass es aus dem Ersten Weltkrieg stammte. Trotzdem kam es mir beängstigend vor. Text und Melodie sind eingebrannt ins Langzeitgedächtnis. Selbst im Eilenriedestift[2] kriechen sie mich als Ohrwurm an, wenn mich das Glockenspiel im Garten mit der Melodie erwischt.

Glückliche Schuljahre bis zum Krieg

Vor dem Krieg begann das neue Schuljahr nach Ostern. Die Extra-Prüfung, 1937, nach den neuen Bestimmungen für die sogenannten „Springer", fand vor Ostern statt. Meine Mutter begleitete mich. Noch vier weitere Mädchen waren zur Wilhelm Raabe-Schule angemeldet, auch sie kamen mit ihren Müttern.

Ich wunderte mich, dass die Prüfung lange nur aus Plaudereien mit den Lehrern bestand. Als Kind merkt man nicht, das sie sich einfach nur ein erstes Bild von uns machen wollten. Endlich durften wir einen Aufsatz schreiben. Ich freute mich, schreiben mochte ich riesig gern. Trotzdem weiß ich nicht mehr, ob wir ein Thema bekamen oder einfach loslegen und irgendwas erzählen durften.

Nur ans Kopfrechnen habe ich eine glasklare Erinnerung. Wir wurden gefragt, ob wir schon „über 100" rechnen könnten. Das konnten wir alle noch nicht. Dann kam die Aufgabe: „Tante Frieda kommt zu Besuch und bringt eine große Tüte mit, die 300 Bonbons enthält. Es sind aber vier Nichten, die sich die Bonbons teilen sollen. Wie viele Bonbons bekommt jede?"

Alle dachten stumm nach. „75", sagte ich. „Hast du das geraten?", hieß es. Das klang fast kränkend. „Nee, ich habe 100 durch vier geteilt und das dann mal drei genommen", sagte ich bänglich, denn vielleicht galt das als unzulässiger Trick, weil wir ja noch nicht "über hundert" rechneten. Nein, ich war auf dem richtigen Rechenweg gelandet. Dass ich ihn selbst gefunden hätte, um über die Hundert-Hürde zu kommen, wurde bei der Aufnahme-Entscheidung als Kriterium genannt. Ich durfte als einzige von uns fünf Prüflingen nach Ostern in die Sexta kommen.

Am 19. März 1937 war ich neun Jahre alt geworden und kam also in diesem Alter auf die „Höhere Schule". Sehr bewährt haben muss sich die Neuerung nicht, denn schon 1939 wurde sie wieder abgeschafft.

Es war unerwartet lästig, immer mit Abstand die Jüngste, anfangs auch die Kleinste in der Klasse zu sein. Viele Mitschülerinnen wurden elf im Laufe des Jahres, manche auch 12 oder 13, denn man konnte auch fünf Jahre auf der Grundschule bleiben. Im Laufe der Jahre kamen auch "Sitzenbleiber" dazu, so dass der Altersabstand noch größer wurde. Ich wurde freundlich, wohlwollend, aber eben auch immer nur gönnerhaft als "Kleine" behandelt. Im Unterricht kam ich gut mit, aber ich kasperte gern herum, brachte meine Umgebung zum Lachen, um wenigstens etwas zu gelten, und erntete durch strafbares „Schwatzen" manchen Eintrag ins Klassenbuch. Die heute gelegentlich umstrittene „Kopfnote", die auch schon mal abgeschafft war, glaube ich, enthielt bei mir stets die mehr oder weniger mild formulierte Mahnung, dass ich mich disziplinierter verhalten möge.

Eine Kränkung für mich als Jüngste war auch die damals übliche monatliche Barzahlung des Schulgeldes. Ein Herr Ding, der strenge Schulvogt, ging mit einem Waschkorb von Klassenzimmer zu Klassenzimmer. Der Korb war bis oben hin voller Geldscheine, die er von Klasse zu Klasse mit beiden Händen zusammendrückte. Er sammelte für das erste Kind einer Familie 20 Reichsmark ein, für das zweite 15, für dritte und vierte je fünf Reichsmark weniger. Fünfte und mehr Kinder einer Familie waren schulgeldfrei. Meiner Erinnerung nach gab es bei der unkonventionellen Bezahlaktion keine Quittungen - Herr Ding setzte einfach Haken auf seiner Namensliste.

Alle in der Klasse hatten das Schulgeld bei sich, nur ich musste sagen, meine große Schwester bezahle für mich mit. Kränkend war das, fand ich.

Die ersten drei Jahre auf der Wilhelm-Raabe-Schule waren noch idyllisch. Unsere Klassenlehrerin, ein Fräulein Losehand - wie alle unverheirateten Lehrerinnen wurde sie mit Fräulein angeredet - hatte bisher nur Oberstufen unterrichtet und war begeistert, zum ersten Mal eine Sexta vor sich zu haben. Sie verwöhnte uns mit Unterhaltung, Englisch machte Vergnügen bei ihr. Gern erzählte sie auch von ihrem Leben in London, wo zwei alleinstehende alte Damen ihre Aussprache geschliffen und ihr die Unterschiede zwischen deutscher und britischer Etikette beigebracht hatten. Ihre Lieblingsgeschichte war, dass es damals verpönt war, das Wort „stomach" zu benutzen. Damen hatten keinen erwähnenswerten Magen. Sie erzählte gern, dass sie morgens beim Frühstück extra mindestens dreimal „stomach" gesagt habe, teils, um uns lachen zu hören, teils, um in ihre flotte Jugendzeit zu tauchen.

Wir lasen bald nicht nur im Schulbuch, obwohl darin auch so hübsche Kleinigkeiten wie Limericks vorkamen. Den Vierzeiler von Edward Lear:

„A beautiful lady of Niger
Once went for a walk with a tiger
they came back from the ride
with the lady inside
and a smile on the face of the tiger"

durften wir auf unseren Wunsch immer wieder vortragen. Es gab viel zu lachen, der grinsende Tiger war eine beliebte pantomimische Herausforderung. Bald lasen wir neben dem Schulbuch auch Kindergeschichten von Beatrix Potter. Die Kaninchenkinder "Flopsy, Mopsy, Cottontail and Peter" sind mir noch heute in lieber Erinnerung. Der erste Unterricht hat damals schon mein bis heute großes Interesse an Englisch geweckt.

Außerdem verteilte Fräulein Losehand großzügig „Fleißbildchen", besonders von der damals sehr beliebten Wiener Zeichnerin Ida Bohatta-Morpurgo. Wir fanden diese „Fleißbildchen" uneingeschränkt süß. Der Sammeleifer führte tatsächlich zu etwas mehr Schuleifer als üblich. Die Kärtchen, die auch gut als Lesezeichen zu gebrauchen waren, machten mir solchen Eindruck, dass ich den Namen der Zeichnerin bis heute behalten habe. Aus Neugier gab ich ihn mal bei Google ein und war erstaunt, sie immer noch prominent im Netz vertreten zu finden: 1900 geboren, 1992 gestorben, bis ans Lebensende graphisch tätig.

„Fleißbildchen" gibt es zu meiner Überraschung auch immer noch in rauen Mengen. Die von Ida Bohatta-Morpurgo werden einzeln, aber auch in einer "Ars Edition"-Box für 50 Euro angeboten. Diesem Angebot kann ich widerstehen, weil viele der Bildchen am Kitsch vorbeischrammen.

Aber damals fanden wir sie süß, einfach süß.

Lesen, Lesen, Lesen

Es war für Schulkinder aus Kleefeld und Kirchrode nie langweilig, nach der Schule auf die Linie 14 zu warten. An unserer Straßenbahn-Haltestelle in der damaligen Breiten Straße am „Aegi" (Aegidientorplatz) lag die Buchhandlung Wolff und Hohnhorst mit zwei großen Schaufenstern. Das eine der beiden lag pfiffigerweise immer voller Kinderbücher. Die Titel waren ein beliebter Gesprächsstoff. Unter Freundinnen teilten wir sie ein in Kategorien wie „bestimmt prima, wahrscheinlich langweilig, bestimmt doof."

Ohne irgendwelche Bewertung liebten wir die hübsch ausgestatteten kleinen, quadratischen Bücher der Reihe „Sonne und Regen", von denen jedes nur 95 Pfennige kostete. Sobald wir eine Neuerscheinung sichteten, freuten wir uns darauf. Taschengelder waren damals noch sehr klein, aber wer sparte, konnte „Sonne und Regen"-Bücher erschwingen.

Fernsehen steckte damals noch in den allersten Anfängen und lag in unvorstellbarer Zukunft. Das Radio sendete am Sonntagmittag Kinderfunk, das war alles. Also fingen wir früh mit dem Bücherlesen an und nahmen, was immer wir vor die Nase kriegen konnten. In Schulpausen redeten wir meist über Bücher. Der amerikanische „Tom Sawyer", Agnes Sappers "Familie Pfäffling", aber auch „Heidi" und „Gritlis Kinder", überhaupt alles von Johanna Spyri, waren erklärte Lieblingsbücher.

Unseren Privatbesitz an Büchern tauschten wir eifrig, wir verliehen unsere vergleichsweise wenigen Bücher großzügig. Aber es gab einen Ehrenkodex, der gute Behandlung und baldige Rückgabe verlangte. Er galt natürlich besonders später, als wir bereits bei Rhett Butler und Scarlett O'Hara angelangt waren. Ein Verlust von „Vom Winde verweht" wäre schwer zu ersetzen gewesen. Es war ja zunächst schon mal ganz toll, dieses „Erwachsenen-Buch" überhaupt in die Finger gekriegt zu haben.

Schulbibliotheken existierten damals noch nicht, soviel ich weiß. In der Wilhelm-Raabe-Schule jedenfalls gab es damals noch keine. Aber in der nahegelegenen Stadtbibliothek bekam man, was das Herz begehrte. Enttäuschung gab es eher selten, sie hieß: „Derzeit ausgeliehen". Dann durften aber auch Kinder eine Vormerkung hinterlassen, selbst wenn das schon mehrere andere Leseratten getan hatten. Heute dürfte das selbstverständlich sein, damals staunte ich. Beim nächsten Besuch erfragte man den Stand der Dinge. Die Bibliothekarinnen waren geduldig.

Eine Freihandbücherei war die große, heute noch vorbildliche Bibliothek an der Hildesheimer Straße damals noch nicht. In dicken Katalogen mussten auch Kinder die Signatur des von ihnen gewünschten Titels selber suchen. Am Tresen nahmen die Bibliothekarinnen die Bestellung an, dort legte man auch seine Lesekarte vor, fühlte sich ein Stück erwachsen und wartete geduldig. Die bestellten Bücher kamen durch einen damals faszinierend modernen Schacht von den oberen Stockwerken in einem Kasten unten angerutscht. Aus Ungeduld ließ man das Ende der Rutschbahn nicht aus den Augen, obwohl die Bibliothekarinnen ausriefen, welche Bücher für wen lautstark angerasselt waren.

Es freut mich noch heute, dass die Stadtbibliothek, dieser schöne Klinkerbau, all die schweren Bombardierungen mit sehr wenigen Schäden überstanden hat. Der stattliche Bücherturm prägt das Stadtbild immer noch. Nach dem 9. Oktober 1943 stand die „Stabi" einsam inmitten eines weiten Trümmerfeldes. Ob damals noch Bücher ausgeliehen wurden? Ich weiß es nicht mehr, das Leben war zu chaotisch geworden.

Ich verschlang natürlich auch die zerlesenen Uralt-Jugendbücher, die meine Mutter aufbewahrt hatte. Die verschnörkelte Druckschrift kam in der Schule schon nicht mehr vor, mit "langem s" am Anfang und innerhalb kleingeschriebener Wörter, Schluss-s am Wortende. Viele Leute behaupten heute, sie könnten das nicht lesen, aber ein Wochenende genügt, um sich an diesen Druck zu gewöhnen.

„Die Reise des kleinen Nils Holgersson", in Leinen gebunden, mit vielen Bildern, zum damals abschreckenden Preis von sechs Reichsmark, wünschte ich mir leidenschaftlich zum 10. Geburtstag. Eine Geschichte daraus stand in unserm Lesebuch, die spannende Erzählung über Vineta, die versunkene Stadt auf den Meeresgrund. Aber der Preis! Kinderbücher kosteten damals weit weniger.

Ich war überglücklich, als ich „Nils Holgersson" tatsächlich zum 10. Geburtstag bekam. Als ich das dicke Buch las, erschrak ich vor der Entdeckung, dass ich manche ellenlange Geschichten leider auch ellenlangweilig fand. Die leise Enttäuschung zeigte ich nicht, weil ich meinen Eltern für das prächtige Buch echt dankbar war. Ich pickte mir einfach zunächst die „besseren" Geschichten heraus. Dass Selma

Lagerlöf ihren „Nils Holgersson" als Schulbuch über Schwedens Geographie geschrieben hatte, ging mir erst später auf, nachdem ich alles gelesen hatte. (Sogar gern!)

Juden im Freundeskreis

Zum Freundes- und Bekanntenkreis meiner Eltern gehörten Juden. Meine Mutter war mit jüdischen Freundinnen aufgewachsen, mit denen sie ein Herz und eine Seele war. Allenfalls staunte sie, erzählte sie, dass es in deren Elternhäusern zwei Küchen gab, weshalb, wusste sie als Kind nicht.

Kollegen meines Vaters hatten jüdische Frauen, aber so etwas war vor 1933 nicht weiter der Rede wert. Als Kind, das noch nicht zur Schule ging, merkte ich nichts von den Sorgen, die 1933 aufkamen. Zum Beispiel war ich mit sechs Jahren, also 1934, mit meiner Mutter bei einem angesehenen jüdischen Orthopäden im Annastift, der mir Einlagen verschrieb. Als wir die fertigen Dinger wenig später abholten, war der Arzt bereits im Aufbruch, er siedelte mit seiner Familie nach Amerika über.

"Warum zieht er weg?" fragte ich meine Mutter. Sie nahm zu einer altersentsprechenden Auskunft Zuflucht: "Na, man zieht eben manchmal um. Wir sind doch auch vom Lindener Berg nach Kirchrode gezogen."

Als ich mit neun Jahren 1937, wenige Tage nach meinem Geburtstag, auf die Wilhelm Raabe-Schule kam, fuhr ich täglich stolz mit der Straßenbahn. Die Wagen hatten damals zwei lange Holzbänke. Bei keiner anderen Gelegenheit hatte man so viele Gegenübersitzende zum ausgiebigen Betrachten. Füllte sich die Bahn, war es für Kinder selbstverständlich, den Sitzplatz Erwachsenen anzubieten. In Kirchrode gab es damals noch ein jüdisches Altersheim, nur für Frauen, glaube ich.[3] Noch war den alten Damen nicht verboten, die Straßenbahn zu benutzen. Aber sie trugen schon den Davidsstern an ihrer Kleidung, das aufgenähte Zwangsabzeichen für Juden. Mit neun Jahren wusste ich schon, dass dieser gelbe Stern eine bösartige Kennzeichnung bedeutete. Ich sah auch, wie traurig die Jüdinnen waren, sie redeten kaum, sie drückten ihre Handtaschen an sich, um den gelben Stern zu bedecken. Wenn ich einer von ihnen meinen Platz anbot, tat ich, als müsse ich sowieso aussteigen und ging schon mal auf das "Perron", das damals den Fahrerstand vom Fahrgastraum trennte. Es war bereits so, dass ältere Schülerinnen, die "Führerinnen" im BDM waren, kritisch guckten. Nicht viel später durften Juden die Straßenbahnen nicht mehr benutzen, und es hieß, das Altersheim sei „nach Osten verlegt worden"[4].

In Deutschland wird es dunkel

Die Verwöhnperiode in der Wilhelm-Raabe-Schule brach jäh ab, als im September 1939 der Krieg ausbrach. Junge Lehrer wurden eingezogen, wie die Abkommandierung zum Militär hieß, alte Lehrer wurden aus dem Ruhestand zurückgerufen. In der damaligen Untertertia, heute 10. Klasse, war unser Klassenlehrer über 70. Ihm fiel die Rückkehr in den Dienst schwer. Unser Lehrer wirkte nicht nur ermattet und gleichgültig, er war es.

Aber Veränderungen hielten die meisten Menschen damals noch für kurzfristige Improvisationen, die sich nach schnellen Siegen genauso schnell wieder umformen ließen. Was Deutschland bevorstand, ahnten wenige.

Der Kriegsausbruch, der bedrückende Übergang vom Frieden zum Krieg, berührte das tägliche Leben für viele anfangs wenig. Sofort betroffen waren die Familien, in denen Väter oder Söhne Soldaten werden mussten. Aber der Polenfeldzug, der den Krieg entfesselte, dauerte nur elf Tage. Dieser „Blitzkrieg" endete, kaum begonnen, im Siegesrausch. Von Toten und Verwundeten war kaum die Rede.

Auf einen möglichen „Luftkrieg", in dem Deutschland natürlich haushoch überlegen sein würde, wurde die sogenannte Heimatfront eifrig vorbereitet. „Blockwarte" wurden ernannt, die Luftschutzübungen anberaumten und „Luftschutzmaßnahmen", zum Beispiel Entrümpelungen von Kellern (für Luftschutzräume) und Dachböden (gegen Brandgefahren) überprüfen konnten.

Richtig ernstgenommen wurde das alles noch nicht. "Reichsmarschall" Hermann Göring hatte sehr vollmundig verkündet, er wolle Meyer heißen, wenn auch nur ein feindliches Flugzeug „unser Reichsgebiet" überfliegen würde. Wenig später hieß er dann auch Meyer, aber man musste wissen, vor wem man ihn so nennen durfte.

Nur die Verdunkelung legte sich sofort bleischwer über das Land. Unter "Verdunkelung" können sich Geburtenjahrgänge diesseits von 1945 wenig vorstellen. Sie denken an Finsternis im übertragenen Sinne, verursacht durch Not, Sorge und Trauer, und an die geistige Verdunkelung, die zwölf Jahre lang herrschte, als die Nazis bestimmten, welche Bücher die Volksgenossen lesen durften, welche Bilder sie sehen und welche Musik sie hören durften.

Aber es ging um die Verdunkelung der Fenster. Zunächst war sie für uns einfach: Unten hatte unser Haus zwei Wohnzimmer und die Küche mit hölzernen Rolljalousien, die wir einfach herunter ließen. Oben gab es die leider nicht. Im oberen Wohnzimmer und im Elternschlafzimmer wurden schwere dunkle Decken auf Haken vor die Balkontür und einige Fenster gehängt, bei kleineren Fenstern wurden schwarze Papierrollos angebracht und seitlich an den Fensterrahmen mit Heftzwecken gesichert. Die Methoden wechselten immer mal, wenn eine andere für patenter gehalten wurde.

Auch unsere Doppelfenster schienen zuerst ein Glück. Anfangs wurden im Sommer bei Alarm noch schnell alle Fenster geöffnet, im Winter blieben nur die Innenfenster offen, in der Hoffnung, dass wenigstens sie heil blieben. Solche Hoffnungen erwiesen sich als Wunschdenken, je länger der Krieg dauerte. Ab 1943 war man froh, wenn wenigstens die Fensterrahmen notdürftig reparierbar blieben. Pappe und Bettlaken als Glasersatz waren im Sommer zur Not erträglich, bis zum Winter musste alles zugenagelt sein.

Wir Kinder sammelten nach jedem Anflug, dessentwegen die "Flak-Batterien" im Lönspark wie wild schossen, große und kleine Munitionssplitter, eben "Flaksplitter", in leere Kästen und hatten einen regelrechten Wettbewerb, in dem große, scharf gezackte Metallstücke Platz Eins innehatten. Wegen dieser Splitter war es gefährlich, auf offener Straße den Himmel zu beobachten. Die glühenden Metallstücke der Flakmunition verursachten lebensgefährliche Verletzungen.

Später, als alle paar Tage Bomben fielen, blieben die hoffnungsvoll überschätzten Jalousien in ihren schützenden Kästen. Schnell sprach sich die Erfahrung herum, dass selbst relativ weit entfernter Luftdruck explodierender Bomben die hölzernen Latten hoffnungslos zerstörte. Die Scheiben waren sowieso bald kaputt, aber heil gebliebene Jalousien sperrten mit einigen Papierverklebungen Wind, Regen und Schnee einigermaßen aus.

Meine große Schwester Marlies und ich hatten jede ein Mansardenzimmer mit Dachgaube, da wurden abends dicke Decken mit angenähten Ringen auf Haken an die Fenster gehängt. Seitlich mussten wir noch Kissen dagegen lehnen, denn Spalten an den Rändern einer Verdunkelung waren ganz schlimm, je mehr der Krieg grausame Wirklichkeit wurde.

Von der Straße tönten dann nach kürzester Zeit die Schreie: „Verdunkeln!!" Sie kamen von Passanten, nicht von Blockwarten. Die nackte Angst steckte dahinter.

Straßenbahnen fuhren damals auch tagsüber schon insofern verdunkelt, als die Fenster blau überstrichen waren. Tageslicht drang noch schwach durch. Nachts war die Innenbeleuchtung so trübe, dass sich die Augen beim Einsteigen gewöhnen mussten, zum Himmel drang ganz sicher nicht der kleinste Lichtschein.

Wie bei Autos (es fuhren damals noch sehr wenige) waren auch die Scheinwerfer der Straßenbahn durch Metallkappen nach oben abgeblendet. Alle Bahnen hatten, weil es praktisch war, schon immer vorn zwei farbige „Kennlichter" gehabt, jede Linie ihre eigenen, so dass von weither zu erkennen war, welche Bahn sich näherte. Das blieb auch im Krieg so, denn diese kleinen Farbpunkte waren aus der Luft garantiert nicht zu erkennen, beruhigten sich selbst die Besorgtesten.

Eugen Roth widmete diesen Lichtern schon in tiefsten Friedenszeiten eins seiner originellen Gedichte. Es ist aus seinen Gedichtbänden längst verschwunden, wohl weil es keinen Bezug zur Gegenwart mehr gibt. Aber solche Kennlichter wären immer noch praktisch, finde ich.

Ganz toll fanden wir Kinder die "Phosphor-Anstecker", die anfangs zu kaufen waren, um Zusammenstöße zwischen Fußgängern im Dunkeln zu verhindern. Die grünen Plaketten, die im Dunkeln leuchteten, gab es kreisrund oder eckig, Durchmesser etwa drei Zentimeter. Für Kinder gab es aber Häuschen, Bäume, Dackel, Katzen, alles Mögliche, als leuchtende Anstecknadeln. Die Dinger waren tatsächlich nützlich, aber dann kamen Zweifel auf. Es galt bald, sogar halboffiziell, als gesundheitsschädlich, ständig Phosphor an der Kleidung herumzutragen. Meine Dackel und Katzen durften sich aber noch lange in einem Kästchen aufhalten.

Alarm gab es Anfang des Krieges nur von Zeit zu Zeit. Damals spielten Schutzräume noch kaum eine Rolle, abends zählte Alarm eher als ärgerliche Unterbrechung einer bezahlten Vorstellung im Theater oder im Kino. Geld gab es nur zurück, wenn sie gerade erst angefangen hatte. Ich weiß nicht mehr, welche Zeit als kurz genug für die Geldrückgabe galt, weil ich mit 12 oder 13 nicht abends in die Stadt fahren durfte.

Es fielen vereinzelt Bomben, aber das betraf die Deutschen damals nur am Rande. Aus dem Radio tönte fast täglich das Kampflied „Bomben auf Engelland"[5]. Die deutsche Propaganda erfand nach der Bombardierung der Stadt Coventry das Verb „coventrysieren" und benutzte es für die Meldungen über Zerstörungen weiterer britischer Städte.

Meinen ersten schwereren Bombenangriff erlebte ich mit zwölf Jahren an einem strahlend sonnigen Maitag im „Annabad". Dieses beliebte Freibad der Kirchröder liegt im Lönspark. Wenn wir irgend konnten, hielten wir uns dort auf, ohne Rücksicht auf das Wetter. Nach dem Motto „Nass wird man sowieso" schwammen wir gern auch bei Regenwetter, bis die Lippen blau waren.

Der Angriff geschah am 19. Mai 1940, als der Krieg unseren Alltag noch wenig berührte. Die Royal Air Force bombardierte die Erdölraffinerien in Misburg, die unter den neuen Begriff „kriegswichtige Industrie" fielen. Damals sah man diese Raffinerien vom Annabad noch zum Greifen nah. Weder Wald noch Besiedelung behinderten die Sicht.

Die britischen Bomber waren unentdeckt eingeflogen, im wahrsten Sinne des Wortes warfen sie ihre Bomben aus heiterem Himmel. Die Alarmsirenen heulten erst, als schon die sehr zielgenauen Treffer auf die Öltanks krachten. Sekunden später sahen wir die Tanks der Raffinerie lodern, aber ein paar Sekunden später verdunkelte pechschwarzer Qualm die ganze Gegend. Die Flakgeschütze im Lönspark schossen spät, aber wie wild und wirkungslos. Die englischen Flugzeuge waren nach getaner Arbeit längst auf dem Rückflug.

Wir waren im Wasser, als die Bomben fielen, mussten zu den Ausstiegstreppen schwimmen, rannten tropfnass zum Umkleidegebäude. Das war nur eine bessere Baracke mit Kleiderabgabe und einfachsten Räumen: ganz dünne Backsteinwände, unverkleidete Dachbalken und Ziegel, die bei einem näheren Einschlag allein durch den Luftdruck auf Personal und Zuflucht Suchende geprasselt wären.

Damals dachten wir noch nicht an Bomben, die ihr Ziel verfehlen könnten. Der Angriff galt deutlich nur den Ölraffinerien in Misburg, das sah man. Für große Angst blieb gar keine Zeit. Wir hatten nur einzelne Flugzeuge gesehen, die nach ihrem Erfolg blitzschnell zum Rückflug abdrehten, und bald schon heulten die Sirenen Entwarnung.

Eine Weile sahen wir noch den neuen Bildern zu, den Flammen, dem pechschwarzen Qualm, der den strahlenden Maitag himmelhoch verdunkelte. Dann gingen wir wie nach einem interessanten Erlebnis erzählfreudig nach Haus und waren am nächsten Tag wieder im Annabad.

Die Erinnerung an das Geschehen hat sich für immer eingeprägt, aber das genaue Datum habe ich erst jetzt im Netzauftritt der Stadt Hannover ermittelt. Dort steht auch, dass bei dem Angriff 19 Menschen in Misburg starben. Hatte ich das damals nicht erfahren oder habe ich es verdrängt, weil es nur der Auftakt zu unendlich viel Schlimmerem war?

Zunächst schien Kindern alles noch eher abenteuerlich. Noch schoss die "Flak", (Abkürzung für "Flieger-Abwehr-Kanonen"). Noch waren die Bomber vorsichtig, kehrten schnell um. Am Morgen waren alle Kinder mit „Splittersuchen", beschäftigt. Handgroße Splittern, kleine Stücke – die Augen entwickelten einen speziellen Suchblick dafür, dem nichts Metallisches entging. Wir verwahrten den „Schatz" in Zigarrenkisten, die aber bald zu klein dafür wurden. Es war ein Suchspiel, das bald jeden Reiz verlor. Die Flak schützte nicht mehr lange, sie wurde stillschweigend abgezogen. Stattdessen fielen die Bomben.

50 Jahre nach Kriegsausbruch, 1989, schrieb ich diesen Artikel für verschiedene Zeitungen, mit denen ich zusammenarbeitete:

Wie fern ist 1939?

"Wir hatten doch gerade diesen furchtbaren Krieg!"

"Wer jetzt 50 ist, war 1939 ein ahnungsloses Baby, das muss man sich mal vorstellen", sagt die Nachbarin, Jahrgang 1924. Bewusst erlebte Geschichtsdaten erinnern uns, wie lange wir schon auf der Welt sind. 1939 gibt Anlass zum Rechnen. Wer 40 ist, zum Beispiel, kennt aus eigener

Anschauung nur "Friedensware", aber dieses sehnsüchtige Traumwort aus trüben Zeiten muss ihm erst erklärt werden. Zum Glück.

60 muss man mindestens sein, um sich deutlich an 1939 erinnern zu können. Ich weiß noch genau, wie ich am ersten Kriegstage mit aufregenden Neuigkeiten - nächste Woche Luftschutzübung! - aus der Schule kam und meine Mutter weinend am Radio fand. "Was hast du denn?" fragte ich verblüfft. Sie sagte: "Es ist Krieg. Habt ihr das nicht gehört in der Schule?"

Und ob wir es gehört hatten. Wegen der allgemeinen Aufregung, markig-offiziell natürlich "wegen des historischen Tages", waren wir früh nach Hause geschickt worden. Heute kann ich mich hineindenken in die furchtbaren persönlichen Konsequenzen, die der Kriegsausbruch für Erwachsene hatte. Mit elf Jahren bohrte ich verständnislos: "Und warum weinst du?" Die Antwort hat sich eingeprägt, obwohl ich als Kind nicht wusste, wie tieftraurig sie war. Meine Mutter sagte: "Wir hatten doch gerade erst diesen furchtbaren Krieg".

"Wir hatten gerade erst Krieg?" dachte ich ungläubig. Das war eine dieser seltsamen Auskünfte von Erwachsenen. Der Erste Weltkrieg, den die Müttergeneration von 1939 als junge Mädchen erlebt hatte, war für uns Kinder graue Vorzeit, tiefste Vergangenheit, eigentlich gar nicht mehr wahr. Die Eltern sprachen darüber, der Krieg könne "am Ende auch wieder vier Jahre dauern", und wie entsetzlich das wäre. Mir sagte es nicht viel.

Dass der zweite Krieg dann fünf Jahre und acht Monate dauern würde, war auch Erwachsenen 1939 noch unvorstell-

bar.

Heute weiß ich mehr über Zeit und Zeitgefühl. Ich bin rund zwei Jahrzehnte älter, als meine Mutter 1939 war. Das Ende eines Weltkrieges liegt nicht wie damals 21 Jahre zurück, sondern 44 Jahre, ein halbes Menschenleben. Aber wenn der Frieden in Gefahr wäre, würde ich entsetzt und leidenschaftlich sagen: „Wir hatten doch gerade erst diesen furchtbaren Krieg".

Kriegserinnerungen von Eltern und Großeltern, so hörte ich kürzlich eine junge Frau in einer Radiosendung sagen, empfände sie manchmal wie einen Vorwurf, „als müsse mal wieder so etwas kommen, damit die Leute bescheidener werden". Was für ein furchtbares Missverständnis! Warnen wollen die Davongekommenen. Krieg ist kein Abenteuer, kein Erziehungsmittel. Krieg ist Grauen, Schmutz und Tod. Warnen ist und bleibt das einzig Wichtige.

Um die Beklemmung abzuschütteln, suchte ich einen andern Sender. In Nachrichten war von Unstimmigkeiten in der EG die Rede. Lass sie herumstreiten in Brüssel, dachte ich. Es ist wunderbar, dass in Europa Ärger zwischen Nachbarn jetzt an Schreibtischen geregelt wird.

Pearl Harbour

Am 7. Dezember 1941 bombardierten japanische Kampfbomber Pearl Harbour. Im wahrsten Sinne des Wortes aus heiterem Himmel tauchten sie über Hawaii auf und versenkten in 20 Minuten alle acht Schlachtschiffe, die in Honolulus Hafen lagen. Die USA schickten Japan und Deutschland umgehend die Kriegserklärung.

"Damit ist der Krieg verloren. Hoffentlich dauert es nicht lange, bis Schluss ist", sagte mein Vater. Aber er dauerte noch bis Mai 1945, dreieinhalb weitere Jahre, die von Monat zu Monat schrecklicher wurden.

Ich wusste, damals 13, natürlich, wo Hawaii lag: fern, fern, mitten im Pazifischen Ozean. In einem Operettenland, irgendwie. Mit diesen Inseln hatte die Welt bisher nicht viel zu tun gehabt. Paul Abraham, der ungarische Komponist, hatte die "Blume von Hawaii" komponiert, die 1931 in Leipzig uraufgeführt worden war. Aber er war Jude, seine Musik wurde von den Nazis verboten.

Der japanische Überfall entschied den Verlauf des Krieges. Dass ich in noch unvorstellbarer Zukunft mit meinem Mann viele herrliche, entspannte, frohe Urlaubswochen in einem großen Kreis amerikanischer Freunde in Hawaii verbringen würde, hätte ich für ein Hirngespinst gehalten. 1982 tauschten wir sogar für Wochen unser Haus in Hannover mit Freunden in Honolulu. "Jetzt seid ihr beinahe Locals", hieß es dort, also Einheimische.

Das schreckliche Erwachen

Bis 1943 wurde ein wirklicher Bombenkrieg von der Propaganda als unmöglich abgetan. Es gab zwar „Luftschutzübungen" mit Attrappen von Brandbomben und selbstgebastelten Löschgeräten aus Schrubber oder Besen mit festgenageltem Scheuertuch, die in Eimer voller Wasser getaucht wurden. Volle Wassereimer hatten auf dem entrümpelten Dachboden zu stehen. Und dann gab es natürlich die von Anfang an sehr strenge Verdunkelung.

In Hannover schoss die „Flak" anfangs bei Angriffen oder Überflügen noch heftig, aber wirkungslos, weil die Flugzeuge unerreichbar hoch flogen. In deutschen Städten kam es in den ersten Kriegsjahren, von 1939 bis Mitte 1943, oft zu vereinzelten Bombenwürfen.

Sie waren schmerzlich, denn es gab auch schon Tote, aber dass in Hannover am 26. Juli 1943 das geliebte Opernhaus bei einem Angriff am hellen Tagedurch Brandbomben zerstört wurde, wurde eher als besonderes Pech beklagt, aber noch nicht als allgemeine Bedrohung. Der Luftkrieg war schließlich von Deutschland ausgegangen, Göring war stolz darauf und niemand konnte sich damals noch vorstellen, dass daraus eine völlige Unterlegenheit jeglicher Abwehr werden konnte. Die Flak schoss ja, 16-jährige Schüler schleppten die Munitionskisten an, und über berühmte deutsche Jagdflieger gab es fast täglich Nachrichten.

Der 9. Oktober 1943 in Hannover

Das schreckliche Erwachen in ganz Deutschland kam durch die furchtbaren Angriffe auf Hamburg im Sommer 1943[6]. Vier grauenhafte Flächenbombardierungen zerstörten die Stadt innerhalb weniger Tage. Nach dem Kriege erfuhr ich erst, dass viele Hamburger damals fest annahmen, solche Zerstörung einer großen Stadt bedeute ganz sicher das sofortige Ende des Krieges, es könnte danach einfach nicht weitergehen.

Aber im Anschluss an die Zerstörung Hamburgs folgten fast täglich schwere Angriffe auf deutsche Großstädte. Viele Hannoveraner hofften damals noch, Hannover würde verschont bleiben, da doch die Hannoverschen Könige immerhin von 1714 bis 1837 England regiert hatten und ihre Nachkommen immer noch zahlreiche deutsche Verwandte hatten. Das "House of Hanover", wenn es sich auch im 1. Weltkrieg in "House of Windsor" umbenannt hatte, stammte geradeswegs von diesen Königen ab, bis heute ist das so. In Hannover gab es die vage Hoffnung, die Engländer würden vielleicht wieder in Hannover einen Regierungssitz haben wollen, in Erinnerung an Georg I., der von London aus die Königreiche Hannover und England regierte.

Wunschdenken half nicht. In der Nacht zum 9. Oktober „war Hannover dran". Der Spreng- und Brandbomben-Angriff löste verheerende Flächenbrände aus, zerstörte Zentrum und Südstadt ganz entsetzlich. Wir hörten in Kirchrode in unserem leichten Keller das Krachen der Bomben, trotz des trennenden großen Stadtwaldes Eilenriede. Aber als wir uns nach der Entwarnung vorsichtig aus dem Keller wagten, waren wir auf den riesigen Feuerschein am Himmel über der dunklen Eilenriede trotzdem nicht gefasst. Entsetzt standen wir auf unserer kleinen Metzer Straße. Unfassbar anhaltend loderte der Brand hinter dem Walde immer höher und heller in den Himmel.

Unsere noch lückenhaft bebaute Straße war glimpflich davongekommen. Brandbomben waren im Freien ausgebrannt, ohne Schaden anzurichten. Bei uns hatte ein gefährlicher Phosphorkanister zwar Dachziegel durchschlagen, er war aber als Blindgänger im Dachgebälk hängen geblieben. Unser Glück. Sonst hätte der explodierende Kanister mit einem Phosphorbrand kurzen Prozess mit unserm Haus gemacht. Wir hüteten uns, das gefährliche Ding zu berühren. Lieber warteten wir tagelang, bis der Kanister von einem „Räumkommando" fachgerecht beseitigt wurde. Viele Gedanken haben wir uns während des Wartens nicht gemacht, dazu waren die Tage zu turbulent. Wir vertrauten darauf, dass sich das Biest felsenfest geklemmt haben musste.

Ein zweiter Phosphorkanister war auf unserer Eingangstreppe explodiert und ausgelaufen, sein Inhalt auf den steinernen Stufen abgebrannt. Gelb-schwarze Phosphorbrand-Rückstände und zwei vom Aufprall schwer angeschlagene Stufen zeigten es. So etwas zählte damals gar nicht. Es fiel in die Rubrik „Glück gehabt". Dass man von nun an vorsichtig zutreten musste, war der Treppe ja anzusehen. An eine Reparatur von Kleinigkeiten war kein Gedanke!

Am Morgen nach dem schweren Bombenangriff waren

wir wie alle Nachbarn früh auf. Der Himmel über der Eilenriede war qualmschwarz, das gesamte Tageslicht unnatürlich verdunkelt, beängstigend, unheimlich. Wir ahnten, wie schlimm es in der Stadt sein musste.

Mein Vater sah die vier Menschen zuerst, die mit Decken auf den Schultern langsam, erkennbar todmüde, ihre Notkoffer schleppend, aus der Eilenriede kamen. Sie tauchten aus dem Graben am Waldrand auf, der damals noch glasklares Wasser über blanke Kiesel führte, aber keine Brücke hatte. Mit letzter Kraft waren sie, aus dem Wald kommend, die Böschung zum Bach hinunter und auf unserer Seite herauf gestiegen.

Im Näherkommen erkannte mein Vater als erster, wer die rußgeschwärzten Gestalten waren: seine Cousine und ihre Familie, unsere obdachlos gewordenen Verwandten aus der Bürgermeister-Fink-Straße in der Südstadt. Sie hatten sich mitsamt ihrer „Überlebenskoffer", die im Luftschutzkeller bereitstehen mussten, durch Feuerwände zu uns durchgeschlagen. Wolldecken, wassergetränkt, hatten ihnen auf der Flucht durch die brennende Stadt das Leben gerettet.

Anmerkung: Der Decken-Ratschlag, der Notkoffer mit einiger Kleidung, persönlichen Medikamenten, Verbandmaterial und wichtigen Dokumenten gehörten zu den wenigen wirklich brauchbaren Luftschutzregeln. Auch Feldpostbriefe oder ein Fotoalbum waren in vielen Notkoffern.

Die Begegnung war eine gewaltige Erleichterung für beide Familien. Wir hatten um unsere Südstädter gebangt, sie hatten gehofft, wir wären verschont geblieben. Es war überhaupt keine Frage, dass wir zusammenrücken und die vier aufnehmen würden: Vaters Cousine Juliane Köster, geb. Voltmer, ihren Mann Johannes, Tochter Inge im Alter meiner Schwester und Sohn Günter, fast auf den Tag genau mein Altersgenosse. Er war Flakhelfer und schleppte mit seinen Klassenkameraden selbst während der Luftangriffe Munitionskisten an die Geschütze. Am 9. Oktober hatte er gerade dienstfrei gehabt. Sein großer Bruder Helmut stand in Russland.

Schon am Abend war die neue Raumverteilung beschlossen, waren provisorische Nachtlager organisiert. Die beiden unteren Wohnzimmer, mit Schiebetür verbunden, bekamen Tante Julia und Onkel Johannes, das Größere wurde ihr Schlafzimmer. Genauso war es für meine Eltern in den zwei Zimmern darüber. Sie behielten ihr gewohntes Schlafzimmer und als Wohnzimmer unser drittes, das bisher mehr als legere Räuberhöhle gedient hatte.

Meine Mansarde bekam Inge. Ich zog in ein kleines Zimmer über der Küche. Nur der arme Vetter Günter würde mit einer nicht beheizbaren Dachkammer vorlieb nehmen müssen, sobald der beängstigende Phosphorkanister aus dem Gebälk entfernt sein würde. Bis dahin gab es nur eine Pritsche im Luftschutzkeller für ihn, nicht gerade ein sanftes Ruhelager. Aber alle waren wir klaglos zufrieden und froh, mit dem Leben davongekommen zu sein.

Am nächsten Tag hatten die beiden Hausfrauen mit der weiteren Neuordnung des Hauses zu tun. Wir andern gingen zu Fuß durch die Eilenriede bis zur Südstadt, schlugen uns entsetzt durch die vielen Straßen mit rauchenden Trümmern bis zur Bürgermeister-Fink-Straße durch. Dort standen alle

rauchgeschwärzten Fassaden der zusammenhängenden Stadt-
villen noch, obwohl alle bis zum Keller ausgebrannt waren.
„In den leeren Fensterhöhlen wohnt das Grauen". Es ging mir
plötzlich auf, dass Schillers gruselige Worte hier Wirklichkeit
waren. Sprachlos nahmen wir eine Zerstörung hin, die wie
für immer schien.

Trotzdem musste etwas getan werden. Wir nahmen die
im geliehenen "Bollerwagen" mitgebrachten geliehenen
Schaufeln zur Hand und gruben den teilweise eingestürzten
Keller auf, vor allem den Zugang zu dem einem Raum, den
das Feuer nicht erreicht hatte. Wie wir das schafften, weiß ich
nicht mehr, nur dass wir alle wie wild schaufelten.

Wir fanden in dem verschonten Raum den edlen Holzkasten mit dem Familiensilber und waren glücklich über den
gefundenen Schatz, auf dessen Rettung wenig Hoffnung
bestanden hatte. Meine Schwester Marlies, Chemiestudentin,
kriegte ein paar Tage später das pechschwarz gewordene Sil-
ber mit Zyankali (!) aus ihrem Chemielabor in der Hoch-
schule wieder blank. Weniger giftige Mittel waren nicht zu
haben.

Manches andere Brauchbare fand sich auch noch im
erhaltenen Kellerraum, aber was es war, kann ich nicht mehr
sagen. Als sensationell empfand ich nur eine Reihe von Ein-
machgläsern, halbvoll. Wieso halbvoll? Offenbar herrschte in
dem nicht zerstörten Kellerraum während des Hausbrandes
eine solche Hitze, dass der Inhalt der Gläser zum zweiten
Mal durchgekocht wurde, diesmal wohl heftiger als beim ersten Mal in der Küche, denn das Obst war sehr zerkocht.
Wieso die Gläser das ausgehalten hatten, ist mir bis heute ein

Rätsel.

Eine Episode an diesem Tage habe ich nicht vergessen, wohl, weil ich mich noch heute dafür schäme. Mittags legten wir eine Pause ein, um im Garten unsere Brote zu essen. Der von einer hohen Backsteinmauer umschlossene, wunderschöne Garten mit einem backsteinernen Kinderhäuschen in einer Mauerecke, in dem wir als Kinder oft herrlich Wohnen und Kochen gespielt hatten, war nicht wieder zu erkennen. Rasen, Beete, Sträucher, Sitzplatz, alles war von Ruß und Asche bedeckt. Die großen Bäume standen noch, aber das Feuer hatte ihr Laub versengt oder verbrannt.

Wir aßen ziemlich stumm unsere Brote. Als ich mit meinem fertig war, zerknüllte ich das Einwickelpapier und warf es fort. „Oh nein, nicht das Papier in die Gegend werfen!", sagte Onkel Johannes. Natürlich hob ich es schnell auf und sagte entschuldigend, nicht frech: „Oh, - ich dachte, es kommt nicht mehr drauf an". Darauf kam ganz ruhig von Onkel Johannes diese Antwort: „Ja, es ist schlimm. Aber das muss nicht auch noch sein."[7]

Schon am übernächsten Tag gingen wir wieder zur Schule. Unter den mehr als 1200 Todesopfern waren eine Lehrerin unserer Schule, ein Mädchen aus unserer Parallelklasse und die Mutter einer Klassenkameradin. Bis heute weiß ich die Namen: Ilse Vollert, Nora Grabenhorst, Waltraut Wenkemanns Mutter. Diese neue Bomben-Nähe war ein zusätzlicher Schock. Wir alle erlebten zum ersten Male mehr, als wir im Moment fassen konnten.

Die Wilhelm-Raabe-Schule war beschädigt, aber vergleichsweise sehr glimpflich davongekommen. Bei einem

leicht als Erker vorgebauten Treppenhaus hatte eine Sprengbombe die Außenwand vom Dach bis zum Boden weggeris-
sen. Die eiserne Wendeltreppe hatte sich von den Wänden
gelöst, sie hing als Spirale sehr bedenklich an der Mittelach-
se. An eine Reparatur war nicht zu denken, und so baumelte
an der zugigen Gefahrenstelle bis zum Spätherbst 1944, als
alle Schulen schlossen, einfach ein Pappschild an einem
Springseil zwischen zwei Ständern aus der Turnhalle. Die
handgeschriebene Warnung darauf sagte schlicht: "Einsturz-
gefahr, Aufgang verboten". An Neugier, die Treppe doch mal
auszuprobieren, erinnere ich mich nicht. Gefährliche Spiele
hatten in dieser gefährlichen Zeit keinen Reiz.

Beide Turnhallen waren ohne Dach und teilweise ausgebrannt. Auf dem Schulhof fand pro forma gelegentlich etwas
Gymnastik statt, bei schlechtem Wetter auch im Klassenzimmer, um zu dokumentieren, dass trotz allem Sport getrieben
wurde. Wir zogen uns dazu nicht etwa um – es konnte ja
Fliegeralarm geben.

Bombenzeit und kein Ende abzusehen

Erstaunlich an der Bombenzeit war, dass vieles
Gewohnte immer noch einigermaßen funktionierte, nicht nur
die Straßenbahn. Gas und Strom wurden anfangs immer wieder verhältnismäßig schnell repariert. Ausfälle gab es trotzdem genug. Aber irgendwie wussten sich die Menschen zu
helfen.

Junge Menschen schüttelten die Luftangriffe manchmal
ganz schnell ab. Aber manche Bilder bleiben, zum Beispiel

diese von einem Tagesagriff, den ich im Bunker erlebt hatte. Als ich mit der Straßenbahn aus der Schule zurückkam, gab es kurz vor Kleefeld Alarm. Die volle Bahn fuhr, wie in solcher Situation üblich, einfach weiter, bis sie dem nächsten Bunker an der Strecke so nahe wie möglich war. Die Passagiere rannten dann, sich in Sicherheit zu bringen.

Unsere Mütter lernten, Kochkisten zu basteln. Meine Mutter und meine große Schwester brachten auch eine zustande. Ein Holzkasten wurde vollgepackt mit lose zerknülltem Zeitungspapier. In die Mitte drückte man eine Grube, in die ein Kochtopf samt festem Deckel passen musste. Mit angekochtem Eintopf-Essen wurde der heiße Topf hineingesetzt, mit einer weiteren Papierschicht hoffnungsvoll auch oben verwöhnt. Kartoffeln und Gemüse, auch ein paar Speckwürfel im Topf sanken im Holz-Papier-Gehäuse auf Esstemperatur, waren dann aber so gut wie gar.

Im Herbst 1944 beherrschte die Bombenzeit längst den Alltag. Der Zweite Weltkrieg schleppte sich sinnlos dem Ende entgegen. Für mich zeigte sich jetzt die volle Wirkung der Weichenstellung an dem Schultag 1937, als ich allein im Regen stand und bald danach verfrüht auf die Wilhelm-Raabe-Schule wechselte.

Im November 1944 schlossen die letzten Schulen in den Bombengebieten. Die unteren Jahrgänge waren per „Kinderlandverschickung" schon früher, samt Lehrerinnen und älteren, nicht mehr wehrpflichtigen Lehrern, in weniger bedrohte Landstriche ausgewichen. Die hannoverschen Schulen waren meist im Harz untergebracht.

Ich war 16 Jahre und sieben Monate alt, als ich ein

Abgangszeugnis mit "Reifevermerk" erhielt. Mit diesem Papier wurden alle Abiturklassen im November 1944 ohne Prüfung entlassen. „Notabitur" hieß das vorgezogene Reifezeugnis und war für Jungen längst gang und gäbe, damit die Wehrmacht Zugriff auf sie hatte.

Mit 16 war ich nicht alt genug, um in den obligatorischen „Arbeitsdienst" geschickt zu werden, den meine große Schwester zum Beispiel noch vor dem Krieg in einem winzigen Eichsfeld-Dorf mit dem klangvollen Namen Immingerode abgeschuftet hatte. Eigentlich war nur ein halbes Jahr vorgesehen, aber bei Kriegsausbruch wurde die "Dienstpflicht" sofort um noch ein halbes Jahr verlängert.

Meine Mitschülerinnen wurden trotz des unaufhaltsamen russischen Vormarsches noch zum Arbeitsdienst in das schon sehr gefährdete Oberschlesien geschickt. Alle aus meiner Klasse mussten sich kurz vor Kriegsende von dort in letzter Minute irgendwie zurück nach Hannover durchschlagen. Viele von ihnen kamen auf der Flucht im Chaos um, ohne eine Spur zu hinterlassen.

Der Arbeitsdienst blieb mir also erspart, weil ich zu jung war. Stattdessen wurde ich zum „Kriegsdienst" im sogenannten Gaubefehlsstand an der Ihme verpflichtet. Es war meinen Eltern und mir insofern recht, als dieser Kriegsdienst bei Fliegeralarm im Bunker stattfand.

Der Gaubefehlsstand lag in der Nähe des hannoverschen Schützenplatzes, von dem ich nicht mehr weiß, was sich damals dort damals abspielte. Ich glaube, es standen dort Militärzelte. Heute werden auf dem Schützenplatz Festzelte aufgestellt, da wird wieder nur noch gefeiert[8]. Den nahen

Bunker des „Gaubefehlsstandes" am Ufer des Flüsschens Ihme gibt es längst nicht mehr.

Zwei Klassen der Wilhelm-Raabe-Schule, nämlich die „unter mir", in die ich meinem Jahrgang nach eigentlich gehörte, taten schon ein Jahr lang im "Gaubefehlsstand" den sogenannten Kriegsdienst für die Luftabwehr. Sie wurden dort auch von ihren bisherigen Lehrern unterrichtet und insofern beneidet, weil sie (samt Lehrern) bei Alarm sofort im nahen Bunker Sicherheit fanden. Ich kam nun dazu, damit ich als 16jährige Schulentlassene, im Bombenchaos 1944 sonst nutzlos, diesen „Kriegseinsatz" leistete.

Unsere militärisch als Unterkunft bezeichneten primitiven Baracken standen damals auf einem niedrigen Deich am östlichen Ufer der Ihme. Dieser trübe kleine Nebenfluss der Leine konnte und kann durchaus mal Hochwasser führen.

Ein paar Meter weiter vom Flüsschen entfernt lag der größtenteils unterirdische „Gaubefehlsbunker", der in einem separaten Teil auch für „Volksgenossen" zur Verfügung stand. In einiger Entfernung vom Bunker waren Flakbatterien postiert, für die 16-jährige Schüler Munitionskisten schleppten.

Wir schliefen in dreistöckigen Betten, bis wir bei bevorstehendem Alarm in den Bunker rasen mussten. Die Baracken hatten keinerlei sanitäre Anlagen. Wir mussten die meist schauderhaft verdreckten Einrichtungen im öffentlichen Teil des Bunkers benutzen.

Unsere Unterkunft war zugig, duster und abstoßend scheußlich, aber das war das kleinste Übel. Nachts wimmelte es in unserem Schlafraum geräuschvoll von Ratten, sie wuselten zu Dutzenden auf dem Fußboden kreuz und quer. Wenn jemand vom obersten Bett aus am schwachen Deckenlicht die Birne drehte, stoben sie für eine halbe Minute blitzschnell auseinander. Genauso blitzschnell waren sie leider auch zurück.

Niemand wagte, in einem der untersten Betten zu schlafen. Auch den mittleren war nicht zu trauen. Einmal verstreuten wir kostbares Seifenpulver auf einem Tisch in Höhe der Mittelbetten. Das Seifenpulver war am Morgen ornamental durchzogen von Schleifspuren zahlloser Rattenschwänze. Demnach waren also für kräftige Ratten auch mittlere Betten im Sprung erreichbar. Wir vermieden sie also nach Möglichkeit. Das war möglich, weil wir im Wechsel jede Woche ein oder zwei Tage dienstfrei hatten und zu Hause übernachten durften.

Eine einzelne Ratte am Tage konnte uns nicht weiter erschüttern. Einmal sprang mir eine entgegen, als ich meine Aktentasche aus dem schmalen Schrank, dem „Spind", nahm. Diese Tagesratte flüchtete eilig, aber meine alte lederne Aktentasche, die mir mein Vater überlassen hatte, konnte ich nicht mehr gebrauchen. Die Ratte hatte ein riesiges Loch hineingekaut. Ich hatte zwei eingewickelte Brotscheiben von Zuhause in der Tasche aufbewahrt. Das war eben dumm, aber durch solche Vorfälle wurde man schlauer.

Die bei Dunkelheit eindringenden Ratten ließen sich nur durch Lichtanknipsen für kurze Zeit verscheuchen. Wo die ekligen Ratten in die Baracke eindrangen, haben wir trotz verzweifelter Suche nie herausgebracht. Wahrscheinlich nagten ihre „Pioniere" an verborgenen, strategisch günstigen

Ecken Löcher in den dünnen Bretterboden.

In den 1980er Jahren begegneten mir Jugendliche, die mit „kuscheligen" Ratten im Arm spazieren gingen. Mich kann in diesem Leben keiner dafür gewinnen, irgendetwas Kuscheliges an Ratten zu entdecken. Ihr Image ist für mich ein für alle Mal zerrüttet, daran ändern die putzigsten Kugelaugen nichts[9].

Die Noch-Schülerinnen meines Jahrgangs mussten an den damals sechs Werktagen morgens zum Unterricht kommen, als wären sie in der Kinderlandverschickung. Ich musste mich während der Unterrichtszeit im Bunker aufhalten, kann mich aber nicht mehr erinnern, was für Aufgaben mir zugeteilt wurden. Oft war ich nur „Melder" und musste nach oben sausen, wenn Einflüge gemeldet wurden. Dann wurde der Unterricht sofort abgebrochen. Eine Telefonleitung zu den Baracken gab es meiner Erinnerung nach nicht.

Hatte es in der Nacht vorher lange Alarm gegeben, blieb es morgens oft ruhig. Dann konnte ich unten im Befehlsstand-Bunker bei brauchbarem Licht einfach lesen. Lesen war damals ein wunderbares Labsal, da war alles rundum für eine Weile weit weg. In schwach beleuchteten, übervollen öffentlichen Bunkern war es kaum möglich, ein Buch auch nur aufzuklappen.

Fast bis Ende 1944 hausten wir Wilhelm-Raabe-Schülerinnen in unserer Dienstzeit in diesen rattenverseuchten Baracken an der Ihme. Ich erinnere mich an Unterricht im Morsen, bei dem mehrere ein bis zwei Jahre ältere Mädchen, die aus Gesundheitsgründen nicht zum Arbeitsdienst eingezogen waren, und ich unser Möglichstes versuchten.

Unser „Ausbilder" war ein kriegsverletzter Soldat. Wir lernten zwar Morsen, aber es gelang uns nur sehr, sehr langsam, fand er, und er hatte damit auch vollkommen Recht. Mit Bleistift schrieben wir die Buchstaben, deren Morsezeichen wir erkannt zu haben glaubten, in endlose Reihen von quadratischen Kästchen, so groß wie in den Rechenheften der ersten Schuljahre. Wörter zu erraten half nicht, denn es kamen willkürlich zusammengestellte Buchstaben an. Damit wurde „verschlüsselter Text" geübt. Selber Morsezeichen mit der Morsetaste zu senden war leichter, aber auch das ging nur langsam.

Einige der Merkhilfen für die so genannten „Q-Gruppen" des Morsealphabets steckten lange in meinem Gedächtnis, sind aber nun glücklich vergessen. Nur das Kürzel QZL für „die Nachricht ist unverständlich" kam beim Üben so häufig vor, dass es samt der wohlwollenden Merkhilfe „Quatsch zum Lachen" in meiner mentalen Festplatte eingebrannt ist.[10]

Obwohl ich es beim Morsen nicht weit gebracht habe, bewundere ich noch heute die fast 200 Jahre alte geniale Erfindung, die es zuerst ermöglichte, sich über weite Entfernungen zu verständigen. Amateurfunker morsen immer noch gern, im Internet kann man es lernen.

Unser Kriegsdienst bestand darin, dass wir bei bevorstehendem Alarm tags oder nachts in den Gaubefehlsstand-Bunker rannten - zu Hilfsaufgaben bei „Luftwarnungen", die 1944 von den Ereignissen allerdings beängstigend überholt wurden. Alarme und Angriffe auf norddeutsche Städte waren so häufig, dass die Hannoveraner auf die oft zu späten Warnungen aus dem Gaubefehlsstand lieber nicht warteten.

Anfangs schienen die Luftwarnungen ganz wichtig, sie liefen folgendermaßen ab: Ein Mädchen hörte mit Kopfhörern den sogenannten Drahtfunk der Wehrmacht ab. Sie rief die Planquadrate aus, in denen Flugzeuge von den Bodenstellen erfasst worden waren.

Zwei Mädchen standen dicht hinter einer Landkarte aus Mattglas, die mit Planquadraten überzogen war. Sie stempelten mit dicken Gummistempeln und schwarzer Farbe Pfeile an diese durchsichtige Karte, und durften sich nicht irren, denn die Rückseite war natürlich seitenverkehrt.

Zwei andere Mädchen hielten sich mehr im Hintergrund auf, durften nicht stören, wischten nur eiligst mit immer dreckiger werdenden Lappen weg, was nicht mehr aktuell war. Fix musste das gehen, denn die Lage änderte sich immer beängstigend schnell.

Den „Spitzenjob" hatte die Sprecherin in ihrer Glaskabine. Sie erhielt die Anweisung zur jeweiligen Durchsage per Kopfhörer vom diensthabenden Leiter im Gaubefehlsstand, je nachdem, wie die "Luftlage" an Hand der bestempelten Mattglaskarte beurteilt wurde. Neben ihr saß eine Mitschülerin, die alle Durchsagen fieberhaft mitschrieb. Ob diese Protokolle auch sorgfältig abgeheftet wurden, weiß ich nicht. Alles kam einem abwechselnd wichtig und sinnlos vor.

Im Dienstbunker wurde unser Tun von „Goldfasanen" überwacht – so nannten wir die reich mit Orden geschmückten hohen SA-Männer in ihren senfgelben Uniformen. Einmal erlebte ich einen Zwischenfall. Die 16-jährige Sprecherin hatte sich geirrt oder verhaspelt. Einer der „Goldfasane" sprang wütend auf und zerrte sie aus der Kabine. Eine andere Schülerin, vor Schreck ganz blass, wurde auf ihren Platz geschubst.

Ich glaube, eine große Sache mit Bestrafung wurde nicht daraus gemacht. Alles war schon zu hektisch und hoffnungslos, um sich lange mit Gewesenem zu beschäftigen. Warum müssen wir das hier machen, warum sitzen diese Männer hier unten untätig herum, solche Gedanken nagten an mir, aber sagen durfte man nichts dergleichen.

Die Durchsagen aus dem Gaubefehlsstand kamen meist per Radio bei den Hannoveranern an, aber immer mit Verzögerung durch den Aufwand. Die Durchsage für den Ernstfall hieß „Luftschutzmäßiges Verhalten wird dringend empfohlen" oder „ist dringend erforderlich" und kam, wie fast alle Durchsagen vom Gaubefehlsstand, sehr kurzfristig oder sogar zu spät.

Zum Glück war bald in Stadt und Umland kaum jemand noch auf unsere Durchsagen angewiesen. Die Hannoveraner wussten so schnell Bescheid wie wir, weil der „Wehrmachtsfunk", wie der Drahtfunk bald genannt wurde, mit jedem Radio zu hören war, sogar mit den sogenannten Volksempfängern, diesen zu Propagandazwecken billig in Umlauf gebrachten kleinen schwarzen Kästen, die nur den nächstgelegenen Sender empfangen konnten.

Fast jeder Hannoveraner besaß auch die dazugehörige Landkarte mit den Planquadraten, die genau der Karte auf der Mattglasscheibe entsprach, die wir im Gaubefehlsstand bestempelten. Sie wurde auf einem DIN A4-Blatt weitergegeben. Fast jeder Haushalt hatte sie. Der Besitz dieser angeblich geheimen Karte wurde offenbar geduldet. Ein Verbot wäre auch lächerlich gewesen, da der Wehrmachtsfunk öffentlich zu hören war.

Natürlich konnte niemand den ganzen Tag am Radio sitzen, aber jeder vertraute doch am liebsten der eigenen Wachsamkeit. Nachbarn warnten einander. Jeder versuchte, rechtzeitig zum Bunker aufzubrechen, vor allem, wenn dieser sichere Unterschlupf wie bei uns fast eine halbe Stunde Fußmarsch durch die Eilenriede entfernt lag. Der Stadtwald bekam bei vielen Angriffen zahlreiche Zufallsbomben ab.

Jeder Einwohner wusste auswendig, dass Hannover im Quadrat GU5 lag, gesprochen „Gustav Ulrich Fünf". Auch Buchstaben und Zahlen der Planquadrate rund um Hannover hatte man im Kopf, erfuhr also schon vor den offiziellen Durchsagen, ob Bomberverbände am Steinhuder Meer nach Südosten abschwenkten, oder einfach nach Osten weiterflogen. Manchmal kehrten sie auch kurz vor Braunschweig oder Magdeburg wieder nach Hannover um. Solche Manöver kamen vor und verbreiteten Angst und Schrecken, weil die Hannoveraner schon geglaubt hatten, ihre Stadt sei diesmal nicht gemeint.

Später gab es „Voralarm" bei Einflügen über Holland. Die Erfahrung lehrte schnell, wie viel Zeit noch ungefähr bis zu einem bedrohlichen Alarm blieb.

Mütter mit kleinen Kindern – es gab noch viele in der Stadt - und ältere Menschen brachen selbst aus der nahen Umgebung des Bunkers früh auf, um nicht ins Gedränge am Eingang zu geraten und um einen halbwegs guten Sitzplatz zu finden. Plätze an der Wand waren sehr gesucht. In den großen Räumen voller eng stehender Holzbänke ohne Lehnen dort etwas zum Anlehnen hinter sich zu haben, war ein immerhin fühlbarer Komfort im Bunker.

Schlimm war die verbrauchte Luft, der Sauerstoffmangel. Bunker waren grundsätzlich überfüllt. Es gab Luftklappen an den Außenwänden der Räume. Deren schwere Metalldeckel wurden aber bei Angriffen geschlossen. Einmal flog einer dieser Metalldeckel durch den hohen Luftdruck, den ein naher Einschlag verursacht hatte, in einen der überfüllten Räume und verletzte mehrere Menschen. Ob leicht oder schwer, weiß ich nicht, weil wir in einem anderen Raum nur durch "stille Post" erfuhren, dass die Verletzten zum Verbinden in den Rote-Kreuz-Raum gebracht worden seien. Allgemeine Aufregung entstand auch nicht, weil jeder wusste, dass so ein Fall wirklich ungewöhnlich war.

Die Bunker suchte man jede Nacht auf. Alarm war jede Nacht zu erwarten, denn man konnte nicht vorausahnen, welche Stadt angeflogen wurde. Waren die Bomber weit genug entfernt eingeflogen, nicht auf der Route, die Hannover betraf, blieben die Luftklappen angeblich unverschlossen. Trotzdem war die Luft so schlecht, dass Sprechen verboten war. Beim Sprechen würde mehr Sauerstoff verbraucht, hatte man zu verinnerlichen. Höchstens wurde ein bisschen gewispert, sonst wurde man zur Ruhe gezischt. Im Nachhinein kommt es mir vor, als seien die Luftklappen immer verschlossen gewesen. Man sah auch nie jemanden, der sich an ihnen zu schaffen machte.

Erst lange nach dem Kriege wurde bekannt, dass die Säuglingssterblichkeit während der Bombenzeit bald nach

1943 auf 25 Prozent stieg und bei Kriegsende bei mehr als 50 Prozent lag. Kein Wunder – die schlechte, verbrauchte Atemluft im Bunker trug dazu bei.

Mit der Zeit nahmen mehr und mehr junge Mütter an der Evakuierung Hannovers teil, aber es gab zunächst viele Gründe, in Hannover auszuharren. Viele wollten die Familienwohnung nicht verlassen, viele hatten Angst vor der Unterbringung in Dörfern, in denen „Bombenflüchtlinge" unwillkommen waren. Viele wussten nichts von ihren in Russland stehenden Männern, warteten auf Post, wollten erreichbar bleiben.

Fast nie schlief man eine Nacht durch. Wenn es doch mal vorkam, wurde es als Sensation besprochen.

Noch schlimmer wurde die sogenannte „Luftlage", als die Luftherrschaft über Deutschland 1943/44 vollkommen auf die Alliierten überging. Die massiven Angriffe am Tage wurden immer häufiger und überraschender, sie waren gefürchteter als die Nachtangriffe, schon weil auch das Warnsystem schlecht funktionierte und die Menschen unterwegs waren, oft fern von Bunkern. Während der hellen Jahreszeit sehnte man schlechtes Wetter geradezu herbei, denn bei guter Sicht konnten die Bombengeschwader ihre Ziele in aller Ruhe ausmachen.

Das Seltsamste in dieser Zeit war, dass jeder irgendwie versuchte, ein normales Leben beizubehalten. In mein Gedächtnis eingebrannt ist mir ein Erlebnis nach einem heftigen Tagesangriff, den ich im Kleefelder Bunker erlebte. Schwere Einschläge krachten beängstigend nahe. Im Bunker hatte jeder den Atem angehalten.

Bis nach der Entwarnung alle Menschen aus den stets überfüllten Räumen des Bunkers durch den engen Eingang auf die Straße geströmt waren, dauerte es immer fast eine halbe Stunde. Als ich die Haltstelle der Straßenbahn fast erreicht hatte, kam meine Freundin Ingrid auf dem Fahrrad vorbei, einhändig fahrend, weil sie eine Topfblume im Arm trug. Sie hielt an, als sie mich sah. Ein mir unvergesslicher Dialog folgte:

„Ingrid, was ist los bei uns? Es klang so nah!"

„Ach, furchtbar, Dächer ab, Fenster raus in der ganzen Straße, Dreck überall."

„Oh, doof. Aber gebrannt hat's nicht?"

"Nee, nur die Sprengbomben haben fast alle Dachziegel abgeräumt. Der furchtbare Luftdruck. Zum Glück gab's aber keine Volltreffer."

"Und wo willst Du hin?"

„Zu Sigrid, zum Geburtstag."

"Ach so, ja dann."

Damals gab es zum Geburtstag noch "Kriegskuchen", der immer noch auch richtig süß war, eventuell mit selbstgekochtem Rübensaft gebacken. „Götterspeise", den heiß geliebten "Glibberpudding", gab's auch noch. Außerdem bekamen gebombte Städte, sozusagen als „Trost", am Tage nach einem schweren Angriff, sogenannte Sonderzuteilungen, auch "Lebensmittel-Zuschläge" genannt. Satt wurde man noch irgendwie.

Einmal wurde der Kleefelder Bunker voll getroffen. 12 Tote im Eingang, ausschließlich Männer. Männer mochten sich nicht im Bunker sehen lassen. Das Motto war wie bei

Seenot: Frauen und Kinder zuerst in die Boote. Männer waren "uk" gestellt, eine Abkürzung für unabkömmlich. Die sogenannten "kriegswichtigen Betriebe" waren natürlich Waffenfabriken, in denen Frauen nur zur Fließbandarbeit eingesetzt wurden. Männer, selbst Soldaten auf Kurzurlaub, stellten sich im Vorraum des Bunkers unter, wo es noch nicht richtig sicher war. Übrigens waren Bunker auch immer rappelvoll, da wollten sie keinen Platz wegnehmen.

Ekelhaft war, im Bunker aufs Klo zu müssen. Selbst Kinder vermieden das, wenn irgend möglich, denn die sanitären Verhältnisse waren ein einziger Graus. In den sowieso relativ wenigen Toilettenräumen funktionierte die Spülung fast nie, in den Waschbecken lief kein Wasser, alles war verdreckt. Es stank. Irgendwie muss der Abscheu vor dem Räumen die Blasen trainiert haben. Wir in Kleefeld halfen uns nach der Entwarnung in der dunklen Eilenriede.

Meine noch unverheiratete große Schwester musste in Hannover bleiben. Sie studierte Chemie, war aber im Institut für Kraftfahrwesen der hannoverschen Uni nebenbei zum Kriegsdienst verpflichtet: Sie fuhr Transporte mit Lastwagen, die im Institut mit neuartigen Holz-Generatoren statt mit Benzinmotoren ausgerüstet worden waren.

Mein Vater rauchte Zigarren, so lange es noch welche gab, wir brachten sie aus einem Laden in der Breiten Straße mit, an unserer Haltestelle. Dort hatte er offenbar die Inhaberin becirct, die ihm, wenn sie Ware bekam, die im Voraus bezahlten Zigarren für uns zum Abholen bereitstellte.

Je länger der Krieg dauerte, desto mehr verschwanden alle Extras. Mangel herrschte all überall. Zigarren verschwanden besonders schnell aus dem Angebot. Mein Vater fand, seine „Zigarren-Entbehrung" könnte ein Extrathema in der durchdachten praktischen Nutzung des Gartens werden. Er setzte Tabakpflanzen. Wo er die auftrieb, weiß ich nicht, aber dass er sie sorgfältig pflegte, ihr Wachstum ihn freudig begleitete, sah man ihm an. Mein Vater trieb sogar eine professionelle Zigarrenwicklerin auf, der er die schließlich dem Aussehen nach gereifte und getrocknete Ernte nebst zwei leeren Zigarrenschachteln brachte.

Die Produkte aus seinem hauseigenen Anbau sahen wirklich wie Zigarren aus, allerdings ungewöhnlich grünlich, nicht bräunlich. Und leider schmeckten sie meinem Vater abscheulich. Sie endeten mit dem traurigen Prädikat „völlig ungenießbar" im Müll. Die Enttäuschung war riesengroß. Die Pflanzen waren zwar prächtig gewachsenen, unter hannoverschen Sonnenstrahlen sahen sie auch ganz gut gereift aus. Aber sie hatten auf das Wichtigste verzichten müssen: auf eine fachgerechte Fermentierung.

Unser Haus hatte eine Garage, aber wir hatten kein Auto. Dafür hatten wir jetzt Platz für Hühner und Kaninchen, deren Unterkünfte mein Vater Anfang des Krieges noch bauen lassen konnte. Für die Kaninchen mussten meine große Schwester und ich täglich „in Wald und Flur", nämlich auf unbebauten Grundstücken, Grünfutter suchen.

Wir standen in Konkurrenz mit Nachbarskindern, deshalb musste man gelegentlich weit herumstreifen, bis man etwas Gutes wie Löwenzahn fand. Wasserhaltiges Gras vom Bach am Rand der Eilenrieder durfte nicht im Futter sein, sonst wurden die Karnickel krank. Je älter meine Schwester wurde, desto mehr wurde sie anderweitig beansprucht, so dass die Beschaffung des Grünzeugs an mir allein hängen blieb.

Die Versorgung der Bürger mit Lebensmitteln wurde im Lauf des Krieges immer dürftiger. Es gab ausgeklügelte Lebensmittelmarken, pro Person einen Bogen, von dem Coupons für Fleisch, Butter, Margarine usw. abzuschneiden waren: für „Normalverbraucher", für „Schwerarbeiter", für „Werdende Mütter", für Kinder je nach Alter und so weiter.

Was es auf die "Lebensmittelmarken" gab, wurde im Voraus und ziemlich kurzfristig bekanntgegeben. Anfangs wurde noch kein Mangel verwaltet. Manches gab es „markenfrei", manches gab es bald einfach gar nicht mehr. Einige Lebensmittel gab es „auf halbe Marken", zum Beispiel „Calenberger Pfannenschlag[11]". Da bekam man 200 Gramm auf eine 100-Gramm-Fleischmarke, weil das Fleisch mit viel Getreidegrütze vermischt war.

Die Aufrufe wurden später mit Spannung erwartet und brachten nur Enttäuschungen. Milch, Käse, Margarine, Haferflocken, Nudeln, Fleisch, - alle Rationen wurden immer kleiner. Kartoffeln, glaube ich, gab es ohne Marken, wir und alle Nachbarn legten hinter unseren eigenen Gärten weitere Gemüse- und Kartoffelbeete auf den noch unbebauten Grundstücken hinter unseren Gärten an und schnitten dazu sogar eine primitive Öffnung in unsere Zäune. Die Erträge dieser zusätzlichen Gärten wurden erstaunlicherweise selbst in der Mangelzeit der Nachkriegsjahre nie durch Diebstahl gemindert.

Ruhe in Hemmendorf

Meine Eltern verließen Hannover Anfang 1944 und zogen zurück in das Dorf, das sie vor 16 Jahren wegen der besseren Schulaussichten für meine acht Jahre ältere Schwester und mich verlassen hatten. In unser Haus in der Metzer Straße zog eine junge Familie mit zwei kleinen Kindern ein, "Ausgebombte", die in der Nähe ihrer alten Eltern, unserer Nachbarn, in Hannover ausharren wollten. Die alten Eltern waren froh, ihre Lieben in unmittelbarer Nähe zu haben, immerhin waren alle am Rand der Eilenriede etwas sicherer, und meine Eltern waren froh, unser Haus mit allem Drum und Dran in guten Händen zu wissen. Übrigens war damals vollkommen selbstverständlich, dass kein Wohnraum leer stehen durfte. Und natürlich gab es auch das "Wohnungsamt", das scharf aufpasste und gegebenenfalls Leerstände einfach in Notunterkünfte umwandelte.

Der Umzug zurück aufs Land kam so: Hemmendorf fragte an, ob mein schon pensionierter Vater die verwaiste Stelle des zum Militär eingezogenen Lehrers übernehmen könne. Konnte er, denn Hannover wurde immer schlimmer bombardiert. Wir waren alle vier froh, plötzlich eine Zuflucht auf dem Dorf zu haben. "Ausgebombte" mit Kindern wurden meist in Dörfern untergebracht. Auch deshalb brauchten Dorfschulen Ersatz für all die Lehrer, die der Krieg verschlang. Dörfer waren keine lohnenden Bombenziele.

Die Schulverwaltung war froh über solche Regelungen,

und bald unterrichtete Lehrer Voltmer wieder in dem ihm wohlbekannten Schulhaus, in dem ich vor 16 Jahren kurz vor dem Umzug nach Hannover geboren worden war.

Die frühere Lehrerwohnung meiner Eltern war natürlich nicht frei, die Familie des eingezogenen Lehrers wohnte darin. Aber im Dorf fand sich noch eine leere kleine Wohnung. Die Rückkehr nach Hemmendorf fiel unseren Eltern nicht schwer. Ruhe vor Bomben war für Städter eine ersehnte Erlösung, und Landleben kannten sie. Schließlich hatten sie in dem Dorf jahrelang gelebt. Damals unterrichteten an der achtklassigen Schule zwei Lehrer, in jedem der beiden Schulräume vier Jahrgänge gleichzeitig. Das klappte, weil jüngere Kinder weniger Schulstunden hatten als ältere Kinder oder gar angehende Konfirmanden. Mein Vater war 1944 57 Jahre alt, aber viel hatte sich in der Zwischenzeit auf dem Dorfe nicht geändert.

In Hemmendorf fand auch die Hochzeit meiner großen Schwester statt, in der hübschen alten Dorfkirche. Mein Schwager, Flakoffizier im Umfeld Berlins, hatte immerhin eine Woche Urlaub für die Hochzeit bekommen. Sie fand an einem Tag statt, der in die Geschichte eingehen sollte: Es war der 20. Juli 1944. Nach der Kirche, bei einem "fast friedensmäßigen" Essen in einem Gasthof, sprengte am Nachmittag die Nachricht "Attentat auf den Führer" die Hochzeitsfeier. Alle Soldaten wurden sofort zurückbeordert. Der frischgebackene Ehemann musste am folgenden Morgen seine junge Frau zurücklassen. Wäre er nicht aus dem Krieg zurückgekommen, meine Schwester wäre wie viele ihrer Generation Witwe geworden, ohne ein Eheleben kennengelernt zu haben.

Per "Kinderlandverschickung" wurden die letzten Schulen in bombensichere Gegenden verlegt, hannoversche meist in den Harz, zum Beispiel auch die unteren Jahrgänge der Wilhelm Raabe-Schule. Das funktionierte, weil es bis dahin in Landschulen keinen Nachmittags-Unterricht gab. Jetzt gab es ihn aber, denn Lehrerinnen und die älteren Lehrer, die nicht mehr zum Militär mussten, hielten einen regulären Schulbetrieb in zwei Schichten aufrecht. In Hannover, wo viele Schulgebäude vollständig zerstört waren, die Wilhelm Raabe-Schule aber nicht, habe ich den wochenweise wechselnden Nachmittagsunterricht mit einer "ausgebombten Schule" bis Herbst 1944 genossen, weil in der "Nachmittagswoche" morgens nächtlich gestohlener Schlaf nachzuholen war.

Ich erinnere mich, dass ich manchmal im „Gaubefehlsstand" durch Tausch zwei freie Tage hatte und mit dem Zug zum Bahnhof Coppenbrügge fuhr, um zu Fuß nach Hemmendorf zu pilgern. Eisenbahnfahrten wurden mehr und mehr zur Angstpartien, denn es gab keine „Luftabwehr" mehr. Tiefflieger beschossen tagsüber oft die Züge oder sogar einzelne Fußgänger auf Landstraßen. Selbst habe ich das zum Glück nicht erlebt. Der Lohn der Angst war die Nacht, in der ich ungestörten Schlaf genießen konnte.

Die „Luftherrschaft" über Deutschland war völlig auf die Alliierten übergangen. Im letzten Jahr des Krieges beobachteten die Bewohner des flachen Landes ungläubig staunend die zahllosen geordneten Bomber-Formationen. Am hellen Tage, in völliger Ruhe, zogen sie am wolkenlosen Himmel zu den Großstädten, von wenigen Jagdflugzeugen begleitet, denn ihre Sicherheit war kaum bedroht. Ungestört kehrten sie zurück, als hätten sie nur ein Manöver abgehalten.

Der "neue Gaubefehlsstand" auf dem Kipphut

Im Januar 1945, als der Krieg schon völlig verloren war, bezog der Hannoversche „Gauleiter" Lauterbacher[12] mit seinem Stab noch einen neuen Befehlsbunker. Auf dem Hügel Kipphut bei Sarstedt, südlich von Hannover, hatte er eilig und großspurig einen Bunker neben einer einst feudalen Villa errichten lassen. Der Bunker steht noch heute, immer noch mit einer Stahltür angeschlossen an die inzwischen verfallene Villa, die damals als Quartier diente. Ich habe diesen Schauplatz im vergangenen Jahr[13] besichtigen können.

In den letzten Kriegsmonaten gab es kaum noch Baumaterial. Was noch da war, wurde zur Flickarbeit an solchen Häusern gebraucht, die trotz ihrer Bombenschäden noch schlecht und recht bewohnbar zu machen waren. Handwerker, die zu alt für Kriegsdienste oder "uk-gestellt" (unabkömmlich) waren, gab es, und so nötig sie auch andernorts sein mochten, für den Gauleiter mussten sie die alte Villa tadellos in Schuss bringen. Renoviert wurde auch die nahe Gaststätte. Mit Staunen sahen wir frische Farben an allen Wänden, neue Vorhänge vor den Fenstern, alles geradezu prächtig, gemessen an der Notzeit.

Ich wurde mit sechs oder sieben Mädchen aus der Wilhelm Raabe-Schule, die älter waren als ich, zum neuen „Gaubefehlsstand" abkommandiert. Ob wir schon im November 1944 oder erst im Dezember zum Kipphut geschickt wurden, kann ich nicht mehr sagen, so turbulent ging es damals zu.

An das letzte Weihnachten im Krieg kann ich mich kein bisschen erinnern. Es ist, als hätte es überhaupt nicht stattgefunden. Dasselbe gilt für meinen 17. Geburtstag am 19. März 1945.

Der bisherige Befehlsstand an der Ihme existierte für Hannover weiter. Unsere Aufgabe auf dem Kipphut sollte sein, die ländlichen Feuerwehren im Umland telefonisch mit Informationen über ihren Einsatz zu versorgen, die uns durch das Militär per Morsezeichen zugestellt werden sollten. Wir sollten sie telefonisch weitergeben. Die Telefone funktionierten in ländlichen Gebieten noch ganz gut. Aber das Ganze war trotzdem komplett sinnlos, umständlich und zeitraubend. Von vornherein drängte sich der Verdacht auf, der „Gauleiter" Lauterbacher wolle sich hier eine Fluchtburg aufbauen.

Wir saßen nachts nicht etwa im Bunker wie der Gauleiter, sondern vor schwach beleuchteten Funkgeräten in dem winzigen Raume eines krönenden Türmchens, das noch bis jetzt die heruntergekommene Villa ziert. Die Fenster waren nicht verdunkelt. Wir hörten die geordneten Formationen der Bomberverbände ruhig und gleichmäßig über uns hinwegfliegen, sahen am Himmel Leuchtspuren, Scheinwerfer, Zielmarkierungen und hatten beklemmende Angst.

Fand ein Angriff in unserem Bereich statt, loderten schon Brände, ob in Hannover, Hildesheim oder wo immer heller als ein Leuchtturm, während wir noch versuchten, Sinn in unsere verschlüsselten, meist auch noch fehlerhaft aufgenommenen Funksprüche zu bringen. Jede ländliche Feuerwehr konnte ohne uns per Sicht schnurstracks den Weg zum nächstgelegenen Inferno finden.

Schon nach kurzer Zeit fiel offenbar auch den Verantwortlichen die zeitfressende Umstandskrämerei mit dem Funk- und Telefonverkehr auf. Unser Nachtdienst im Turm wurde eingestellt. Stattdessen wurden wir alle Telefonistinnen in der Villa.

Unser Dienst bestand aus Telefonvermittlung der urigen alten Art. Mit Kopfhörern saßen wir an einem Telefon-Vermittlungs-Schrank vor einem Tisch mit einem Wandteil, aus dem die Metallspitzen zahlloser Telefonkabel ragten. Zu jeder Leitung gehörte ein Lämpchen, das aufleuchtete, wenn die Leitung sich meldete. Dann hieß es, das Kabel am Lämpchen blitzschnell hervorzuziehen, es schnell und richtig in die beschrifteten Stecklöcher einzustöpseln und sich zu melden. Mit welchen Worten, weiß ich nicht mehr, es könnte sein, dass es einfach „Hier Gaubefehlsstand" hieß, denn wirklich geheim war das alles längst nicht mehr.

Meist war irgendein "Goldfasan" am Telefon, der einen anderen Goldfasan sprechen wollte. Das Stöpseln hatte schnell und genau zu funktionieren: „Falsch verbunden" brachte einen Anpfiff mit sich. Ehe wir nach unserem Namen gefragt wurden, klinkten wir uns in Windeseile aus der Leitung.

Wie die Stecklöcher der verschiedenen Dienstanschlüsse markiert waren, weiß ich nicht mehr. Wahrscheinlich war die Beschriftung winzig, aber wir hatten ja noch gute Augen. Wie die Kabel aussahen, hat sich mir komischerweise eingeprägt: sie sahen geradezu kostbar aus, eng umhüllt von bunten Netzen, die offenbar aus Seide oder "Kunstseide" gewirkt waren. Polyester oder dergleichen gab es ja damals noch nicht.

Streng verboten war natürlich, den Telefongesprächen zu lauschen. Das taten wir aber trotzdem, denn es war kinderleicht und oft unterhaltsam. An der Verbindung war ein kleiner Schalter, den man einfach offen ließ. Erlosch das dazugehörige Lämpchen, war das Gespräch zu Ende, dann wurde der kleine Schalter wieder geschlossen. Manchmal brüllte aber jemand, der Verdacht hegte: „Raus aus der Leitung!" Dann legte man den Schalter besser ganz sanft um, damit kein verdächtiger Knacks zu hören war.

Einmal hatte ich beim Lauschen gehört, wie ein Ober-Goldfasan sich von seiner Frau mit „Heil Hitler" verabschiedete. Das kam mir so umwerfend komisch vor, dass ich es nicht für mich behalten konnte und es den andern am Mittagstisch im Kipphut-Gasthaus erzählen musste. „Zu seiner eigenen Frau sagte der Heil Hitler, stellt Euch vor!" Unter dem Tisch wurde ich heftig ans Schienbein getreten, weil hinter mir ein Goldfasan gerade eintrat. Da hielt ich schnell den Mund.

Sehr bald wurde uns vor Augen geführt, dass der neue Sitz des Gauleiters nur seiner Fluchtpläne wegen draußen auf dem freien Lande errichtet worden war. Ein Wohnwagen, damals ein ungewöhnlicher Anblick, stand für ihn startbereit auf dem Gelände. Fragen dazu konnte man nicht stellen. Die funkelnd uniformierten Parteigrößen beachteten uns nicht, sie kamen und gingen, wir kannten sie nur von Ansehen.

Außer dem Mittagessen gab es morgens und abends in der Gaststätte Frühstück und Abendbrot, sogar innerhalb einer ziemlich langen Zeitspanne. Dadurch und wegen der verschiedenen Dienstzeiten waren wir selten gezwungen, uns alle zugleich in unserem sehr vollgestellten Schlafsaal aufzuhalten. Der früher sicher sehr hübsche Raum der Villa war langgestreckt, aber für unsere acht bescheidenen, rechtwinklig zur Längswand ausgerichteten Feldbetten zu kurz und zu schmal. Jedes der bescheidenen Betten hatte ein Nachtschränkchen neben sich. Dafür reichte der Zwischenraum von Bett zu Bett gerade aus. An der anderen Längswand gegenüber waren Spinde aufgereiht. Es war wirklich sehr eng in unserem "Schlaf<u>saal</u>".

An der Fensterseite hatte unser Raum einen hellen, hübsch verglasten Erker mit einem Tischchen und vier kleinen Sesseln, der uns einen eigenen Aufenthaltsraum ersetzen sollte, da ja durch die Schichtdienste immer nur Einzelne von uns im Raum waren. Immerhin konnte man im Erker lesen, Briefe schreiben oder Socken stopfen. Im Keller der Villa waren annehmbare sanitäre Verhältnisse, zu denen auch ein großer Duschraum gehörte, der - wir staunten - ständig warmes Wasser bereithielt, damals ein Luxus.

Die Eltern Karl und Irene Voltmer

„Micky Maus und ich sind derselbe Jahrgang!"
Meine Mutter (2.v.l.) mit ihrer älteren Schwester
Marlies, rechts Cousine und Cousin

Mit der Tochter des Blockwarts (li.) – deren Vater hatte das
Foto gemacht, um meine Großeltern auf die
„unvorschriftsmäßige Kluft" ihrer Tochter hinzuweisen

*Die Schauspielerin Fridel Mumme – Foto: Kurt Julius,
AD ca. Anfang der 1940er Jahre*

*Meine Mutter (4.v.l.) mit Mitschülerinnen, vermutlich im
Hof der Wilhelm-Raabe-Schule, AD um 1943/44*

Die Baracken am Ufer der Ihme

Meine Eltern bei ihrer Hochzeit (Polterabend),
30. August 1950

Als Volontärin bei der „Hannoverschen Presse", AD ca. 1950

Kriegsende in Giften

Im März 1945 war ich zum letzten Mal vor dem Einmarsch der Amerikaner zu Besuch bei meinen Eltern. Da wurden in Hemmendorf noch starke Töne angeschlagen. Der "Volkssturm" wurde einberufen, natürlich auch mein jetzt 58 Jahre alter Vater. Als er zur Sammelstelle im Nachbardorf aufbrechen musste, "um Waffen in Empfang zu nehmen", waren meine Schwester und ich auch gerade da. Mutter und Töchter, dreistimmig jammernd, beschworen ihn: "Bleib hier, bitte! Bitte! Papa, nein, geh da bloß nicht hin! Bleib hier, Karl, bitte!"

Mein Vater sagte, nachdem er sich das eine Weile angehört hatte: "Wollt Ihr, dass sie mich holen?" Das sahen wir ein, denn "holen" war ein gefürchteter Begriff. Er ging, wir heulten, aber nach drei Stunden kam er wieder und berichtete, dass nach ein paar hastigen Instruktionen jedem von ihnen eine Panzerfaust in die Hand gedrückt worden war. "Zurück haben wir einen Umweg gemacht und die Dinger im Straßengraben versenkt. Zum Glück ist der hoch voll Wasser. Bis obenhin, keine Sorge!" Seine drei Weibspersonen waren erleichtert.

Zu der Zeit drohte der Arm der Gauleitung noch bis Hemmendorf zu reichen, ich musste also noch einmal nach Giften zurück. Die letzten Wochen dort waren voller Angst und Hektik. Ehe sich der Gaubefehlsstand sang- und klanglos auflöste, hatten Gerüchte schon die Nachricht gebracht, dass die amerikanische Armee auf der Reichsstraße 1 unaufhaltsam vorrücke. Natürlich hatte ich Angst, weil diese wichtige alte Route mitten durch Hemmendorf führte. (Heute, als Bundesstraße 1, tut sie das natürlich immer noch.) Dass die Amerikaner bald keinerlei Widerstand mehr finden würden, konnten normale Menschen aber nur hoffen. Als Verkehrsmittel gab es für mich einzig noch das Fahrrad.

Nur: Wer mag schon einer Panzerarmee entgegenradeln?

Ende März, am späten Nachmittag, klopfte ein SS-Mann energisch an die verschlossene Tür unseres Schlafraums. Wir saßen zu dritt in unserem Erkerbereich, ahnten Unangenehmes und öffneten. "Ich brauche ein paar Sachen für den Gauleiter", sagte der SS-Mann und schritt energisch von Bett zu Bett. Er sammelte unsere spärlichen Jungmädchen-Schätze ein: Eigene Kissen, Deckchen und kleine Vasen vom Nachttisch, auch Fotorahmen, ohne wenigstens das Foto dazulassen. Teils klemmte er die Sachen unter den Arm, teils verschwanden sie blitzschnell in seinen Taschen. Schließlich griff er noch Trinkgläser aus einem Regal. Wir sahen mit stummer Verblüffung zu. Nach ein paar Minuten war er wieder an der Tür und rief zurück: "Für den Wohnwagen des Gauleiters". Offenbar nahm er an, wir würden es uns zur Ehre anrechnen, dem Gauleiter die Umgebung zu verschönern.

Am nächsten Morgen war der Wohnwagen mit Gauleiter und mehreren SS-Leuten und sämtlichen SA-Goldfasanen verschwunden. In diesen allerletzten Märztagen hatte es noch zwei verheerende Luftangriffe auf bisher noch leidlich intakte Stadtteile von Hannover gegeben. Lauterbacher hatte danach noch mit einer flammenden Brandrede „Lieber tot als Sklav'" getönt: Hannover werde bis zum letzten Stein verteidigt - bevor er sich selbst auf und davon machte[14].

Alle Untergebenen hatten sich ebenfalls unsichtbar gemacht. Der Gaubefehlsstand auf dem Kipphut war damit sang- und klanglos aufgelöst. Wir paar Mädchen waren einzig und allein zurückgeblieben. Also machten wir uns auch auf die Socken, so schnell wir nur konnten, ohne große Verständigung. Eile war das Wichtigste. Jede hatte ein klappriges Fahrrad, jede hatte ihren „Notplan" im Kopf.

Es wird ernst

Mein Notplan war so abgesprochen: Ich würde Zuflucht finden auf einem dem Kipphut ganz nahe liegenden Gut in Giften, das damals noch ein selbständiges kleines Dorf war. Jetzt ist es längst ein Teil von Sarstedt. Verbindung nach Giften bestand über meine Mutter, deren Jugendfreundin mit einem Vetter der Besitzerin des Gutes verheiratet war. Es war im Voraus klar, dass ich das weiter im Westen an der Einmarschstraße gelegene Hemmendorf nicht würde erreichen können.

Die Gutsherrin in Giften, Martha Albrecht, "Martchen" genannt, hatte die gesamte Landwirtschaft verpachtet. Sie lebte unverheiratet im ersten Stock des hübschen Gutshauses, das endlose Zimmerfluchten hatte. Eine umsichtige Haushälterin namens Mimi sorgte für alles Praktische. Im Erdgeschoß wohnte der Pächter mit seiner Familie in gleicher

Geräumigkeit.

Das Gut war ein Ort des Friedens, der vielen Gästen offen stand. Auch ich durfte öfter dort Gast sein, wenn ich auf dem nahen Kipphut einen Nachmittag dienstfrei hatte. Sehr oft war die bewunderte und beliebte hannoversche Schauspielerin Fridel Mumme zu Gast, die mit der Gutsherrin befreundet war. Ich hatte sie kurz vor der Zerstörung des Schauspielhauses auch spielen sehen, in Klassikern, die in der Schule vorkamen, zum Beispiel in Shakespeare's "Was Ihr wollt". Noch heute kann ich die Szene vor mir sehen, als "die Mumme", ausgelassen lachend, auf einer Bühnentreppe angerutscht kam, um mit Junker Tobias und Junker Bleichenwang den Streich an Malvolio auszuhecken. Ihr Lachen war herrlich ansteckend, ich dachte damals, einen schöneren Beruf als Schauspieler könnte es nicht geben.

Ich hatte die in ganz Hannover bewunderte Fridel Mumme im Kleefelder Bunker kennen gelernt. Seit die Bomben beängstigend dichter fielen, hatte sie ihre eigene Wohnung in Waldhausen aufgegeben, weil dort weit und breit kein Bunker stand. Jetzt wohnte sie ganz nahe am Kleefelder Bunker, bei einer Familie in der Wallmodenstraße, deren Tochter ich gut kannte. Während der Zeit im hannoverschen Gaubefehlsstand wohnte ich selbst ganz nah an diesem Bunker, denn seit meine Eltern wieder nach Hemmendorf gezogen waren, ich aber in Hannover bleiben musste, hatten sie für mich ein Zimmer in der Schleiermacherstraße gemietet.

Im Bunker wurde ich mit Fridel Mumme näher bekannt. Sie unterhielt sich gern mit jungen Menschen, stellte Fragen und ließ sich erzählen. Ich begegnete ihr auch gelegentlich in der meist vollen Straßenbahn. Dort winkte mich heran, wenn sie mich sah, und ich freute mich darüber. Das war bevor ich ahnen konnte, vom Kipphut aus in ihrer Gesellschaft das Kriegsende in Giften zu überstehen.

Die Amerikaner rücken endlich ein

Ostern fiel 1945 auf den ersten und zweiten April. Am 30. März, dem Karfreitag, radelte ich wie verabredet den kurzen, ruhigen Weg zum Gutshaus in Giften, ohne einem einzigen Menschen zu begegnen. Ich dachte an die anderen Mädchen, die sich auf einem weit längeren Weg nach "zu Hause" in Hannover durchschlagen mussten, ohne zu wissen, ob "zu Hause" noch stand. Dagegen kam ich mir geradezu gesichert vor.

In Giften war Haushälterin Mimi umsichtig dabei, für die bevorstehenden gefährlichen Tage zu planen. Nahrungsvorräte waren im Hause, kein Problem auf einem Gut. Giften war ja ein Dorf. Sensationell selbst für Landbewohner war aber ein plötzlicher Buttervorrat. In der Küche stand ein ganzer Eimer, randvoll mit Butter gefüllt. Wie das?

Die Molkerei hatte die Dorfbewohner aufgerufen, Butter zu holen, die könne jetzt nicht mehr zu den Städten gebracht werden. Ihre Fahrzeuge könnten nicht mehr fahren, so kurz vor dem Einmarsch, Spritmangel, Gefahren aller Art. Doch auf keinen Fall sollte die kostbare Butter den Amis in die Hände fallen.

Mimi war sofort zur Molkerei geeilt. Butter war seit Jahren das knappste der knappen Nahrungsmittel, sogar auf dem Lande. Wer weiß, wann es wieder welche geben würde, wer weiß, ob überhaupt jemals. Wie auch immer. Vorläufig gab es eine sagenhafte Fülle zu bestaunen. Einen großen Eimer, gestrichen voll mit Butter, hatte Mimi an Land gezogen.

Am Abend des Karfreitags war so etwas wie eine Lagebesprechung geplant, die aber wegen allgemeiner Ratlosigkeit stillschweigend auf den nächsten Tag verschoben wurde. In letzter Minute waren noch einige Neuankömmlinge aus dem Freundeskreis der Gutsherrin gekommen, die auch lieber in Giften als in Hannover sein wollten. Darunter war auch der Schauspieler Hugo Rudolph, dessen Tochter seit dem Attentat vom 20. Juli 1944 im KZ war, weil sie mit Marianne Goerdeler befreundet war, der Tochter von Carl Friedrich Goerdeler, Oberbürgermeister von Leipzig, der im August 1944 verhaftet, zum Tode verurteilt und im Februar 1945 hingerichtet wurde[15].

In unserer Giftener Runde herrschte gedrückte Stimmung, wie konnte es auch anders sein. Aber es war doch eher eine schicksalsergebene Erwartung nach dem Motto "Lieber ein Ende mit Schrecken, als ein Schrecken ohne Ende". Die nächsten Tage mussten eben irgendwie überstanden werden, damit endlich keine Bomben mehr fallen würden.

Am Abend des Karfreitags saßen wir alle zusammen im Wohnzimmer und hörten gebannt "Faust" im Radio. "Hör gut zu, kleine Elisabeth, sowas wirst Du lange nicht wieder hören können", wurde mir gesagt. Niemand konnte zu der Zeit ahnen, dass gerade Kultur im zerstörten Hannover zwischen Trümmern und Mangel so begeisternd und so schnell aufblühen würde, schneller als irgendein anderer Lebensbereich.

Die Ostertage vergingen in gespannter Erwartung. Es war wunderbares Frühlingswetter, ich erinnere mich, dass Fridel Mumme und ich uns sogar in den Garten wagten und frühes Blühen bewunderten. Einen kleinen Augenblick dachte man nicht an Panzer, die jeden Moment einrollen könnten. Irgendwie war es auch beruhigend, dass es amerikanische Panzer waren. Amerikaner galten als die großzügigsten unter den Feinden. Außerdem hoffte jeder inständig, geheim oder offen, dass keine Verrückten noch versuchen würden, sinnlosen Widerstand anzuzetteln,

Oberstes Motto war jetzt für uns, möglichst still und leise abzuwarten, was passieren würde. Nur die Schlafplätze wurden sorgsam und mit Bedacht verteilt. In dieser gefährlichen Lage wollten in dem weitläufigen Haus alle möglichst dicht zusammen bleiben. Außer den drei Frauen und mir waren noch mehrere Ankömmlinge aus Hannover unterzubringen, aber eben nicht in den entlegenen vielen Gästezimmern.

Ich hörte nur still zu. Über mich wurde zu meinem Erstaunen wegen meiner gerade 17 jungen Jahre zuerst ein Beschluss gefasst: Am Wohnzimmer lag ein winziger Abstellraum hinter einer unauffälligen Tapetentür. Dort stand ein Reservebett, in dem ich als Jüngste trotz geringer Luftzufuhr nachts sicher aufgehoben sei.

Im Wohnzimmer wurden aus zwei Sofas und mehreren Sesseln "Ruhegelegenheiten" zusammengeschoben, die natürlich wenig Aussicht auf entkrampften Schlaf boten. Im Esszimmer war kein Platz zum Schlafen, und auch die eleganten Sofas in den anschließenden Salons waren nicht gerade zum Schlafen entworfen. Die ganze Zimmerflucht war abschließbar, außerdem konnten wir von innen noch leichte Möbel vor die Türen schieben. Im Ernstfall hätte das wenig genützt, aber wir erwarteten ja keine Russen. Amerikaner hatten einen Vertrauensvorschuss.

Als das Warten vorbei war

Am 7. April 1945 rollten die amerikanischen Panzer kampflos in Giften ein. Gesehen haben wir nichts davon, weil das Gutshaus abseits der Durchgangsstraße liegt. Wir waren erleichtert, dass keinerlei Schießen zu hören war, und froh, nur ein gleichmäßiges Brummen schwerer Motoren wahrzunehmen.

Es dauerte aber nicht lange, bis das Gutshaus seinen Anteil am Geschehen hinnehmen musste. Sehr bald erschien eine amerikanische Delegation und quartierte auf energische, aber doch beinah höfliche Art, einige Dutzend Soldaten in den vielen Gästezimmern des Gutshauses ein. Noch heute staune ich darüber, dass dies geschah, ohne die Bewohner auf die Straße zu setzen.

Die Gästezimmer lagen auf unserem ersten Stock des Hauses in einem weitläufigen Seitenflügel. Der Einzug der Soldaten ging diszipliniert und reibungslos zu, wir hörten wenig davon, so dass wir abends beruhigt die Zimmer abschlossen und unsere improvisierten Ruhelager aufsuchten. Ich schlief in meinem finsteren Kämmerlein hinter der Tapetentür fest ein.

Die Uhrzeit weiß ich nicht mehr, aber die Nacht war

schon weit vorgeschritten, als uns dumpfes Gepolter und der Lärm schwer betrunkener Männer weckten. Sie schienen Fußball mit allen möglichen Gegenständen zu spielen. Gebrüll und Gejohle kamen laut und nah aus der Diele, an der unsere Zimmer lagen.

Wir verhielten uns mäuschenstill in diesen verschlossenen Zimmern, an denen die vom Alkohol Berauschten zum Glück kein Interesse hatten. Von Zeit zu Zeit flüsterte Mimi: "Oh Gott, unsere Butter! In der Küche steht ganz offen unser Buttereimer!"

Am Morgen, als die Soldaten Vorbereitungen zum Aufbruch trafen, war die Butter Mimis erster Gedanke. Welches Glück! Die Butter war kein bisschen angerührt. Für Küche und Speisekammer hatten sich die von ihrer Armee gut versorgten Amerikaner natürlich nicht die Bohne interessiert.

Aber ihr Interesse für das kleine Garderobenzimmer am Flur, in dem die Hausgäste ihre Koffer abgestellt hatten, war umso größer gewesen. Alle Koffer waren aufgebrochen. Der gesamte Inhalt lag auf dem Fußboden: grob heraus gerissen, durcheinander geworfen, zerwühlt, verstreut, verschmutzt. Dazwischen lag ein herumgetretener Teddybär, in den Fridel Mumme ihren Schmuck eingenäht hatte. Viele Stiefelspuren hatte er abgekriegt, aber den Schmuck hatte er sicher verwahrt.

Immer noch genug zum Mitnehmen hatten die betrunkenen Soldaten aber im Koffer-Chaos gefunden. Mein bescheidener kleiner Koffer war seinem Aussehen nach zunächst als Spielball heftig herumgetreten worden. Das hatte er überstanden, aber dann wurde er durchsucht. Er barg nur ein einziges

Wertstück, versteckt in aufgerollten Söckchen: die goldene Armbanduhr, die mein Vater seiner jungen Braut 1917 zur Verlobung geschenkt hatte. Meine Mutter hatte sie mir 1943 anvertraut, weil ich noch ohne Uhr in die Kriegszeit hingewachsen war und inzwischen dringend eine brauchte.

Die schöne Uhr war etwas größer als die später modernen Armbanduhren und insofern ungewöhnlich, weil sie ein Ziffernblatt mit römischen Ziffern und sehr fein ziselierten Zeigern hatte. Im inneren Schutzdeckel über dem Uhrwerk war eingraviert "Meiner lieben Irene von ihrem Karl", dazu das Datum der Verlobung, 1917, Tag und Monat weiß ich nicht mehr.

*

Sprung in die Zukunft

Was ich mir damals nicht träumen ließ: 1972 war ich zum ersten Mal in den USA, bei einer Luftfahrt-Tagung meines Mannes in Washington D.C., zu der auch die Frauen eingeladen waren. Bei einem Empfang stand ich eine Weile mit einer sehr netten amerikanischen Kollegenfrau zusammen.

Sie trug eine goldene Uhr als eine Art Medaillon an einer langen Halskette. Die Uhr fiel mir sofort auf. Sie hatte nur noch einen Zeiger, der jedoch nicht mehr lief, und sie hatte römische Ziffern. Es konnte meine Uhr sein, gerade weil sie beschädigt war. Nein, sie war es, mit Sicherheit, dachte ich.

Mein Blick blieb ein paar Sekunden hängen. Mein Gegenüber erklärte mir die ehemalige Uhr, weil sie sich über mein Interesse freute. Sie sagte, sie habe dieses Schmuck-

stück in einem Antiquitätenladen gekauft, obwohl sie als Uhr nicht mehr zu gebrauchen wäre. Sie sei doch auch als Medaillon noch sehr hübsch. Ich stimmte zu.

Was konnte ich auch sonst in diesem Augenblick einer befreundeten Kollegenfrau sagen, die ich von früheren Tagungen in Europa kannte? Ich wollte die Uhr nicht zurückhaben, das schwöre ich, ich hatte nur den Wunsch, ihr Schicksal zu erfahren und mit einem Wiedersehen nach fast drei Jahrzehnten zu krönen, ganz ohne Groll oder sonstige Ressentiments.

Eine Vergewisserung wäre leicht gewesen, ich wusste ja, was innen graviert war. Aber wäre das richtig verstanden worden? Den Mut hatte ich nicht, zu erzählen, unter welchen Umständen mir die Uhr im Kriege abhandenkam.

Der Schreckenstag

Am Morgen nach der lauten, beängstigenden Nacht war es sehr ruhig im ganzen Haus. Entweder waren die amerikanischen Soldaten schon im Dienst, oder sie durften ihren Rausch ausschlafen, was allerdings unwahrscheinlicher war.

Wir waren froh, wohlbehalten aufgestanden zu sein, notdürftig das Koffer-Chaos von der Diele ins Wohnzimmer geräumt zu haben, um es später dort zu ordnen. Bis dahin frühstückten wir erstmal, mit reichlich Butter sogar.

Die Diele im ersten Stock war wieder ruhig und leer. Der Tag verging für uns Zurückgezogenen ereignislos. Morgens blieben wir noch möglichst im Wohnzimmer, aber im Laufe des Tages bewegten wir uns schon relativ entspannt zwischen

Küche und Badezimmern, betraten sogar vorsichtig die große Terrasse, um Luft zu schnappen und in den schönen Garten hinunter zu sehen.

In der Nacht zum 9. April blieb es im ganzen Hause still. Von den Soldaten war nichts zu hören. Wir hatten uns tagsüber noch nicht aus dem Haus gewagt, gingen nur immer wieder hinaus auf den großen Balkon, um den während der wenigen Tage wunderbar ergrünten Garten zu sehen. Alle atmeten die Frühlingsluft tief ein und meinten erleichtert, dass wir das Schlimmste hinter uns hätten.

Auf den Dorfstraßen war schon Kommen und Gehen, erfuhren wir. Bis 19 Uhr war das erlaubt. Ab dann war "Sperrstunde", ein Begriff, von dem ich bis dahin nie gehört hatte. Alle Einwohner mussten dann in den Häusern verschwunden sein. Wir hatten im Dorf nichts zu suchen, blieben still zu Haus, wir <u>wollten</u> auch nicht einmal hinaus. In der unteren Diele sahen wir von der Treppe aus den ganzen Tag bewaffnete amerikanische Posten. Sie saßen an der offenen Haustür, gelassen, unbeschäftigt, wahrscheinlich sogar gelangweilt.

Abends, gleich nach Beginn der nächtlichen Sperrzeit, geschah Schreckliches.

Eine junge Frau aus dem bombenbedrohten Gelsenkirchen hatte mit ihren beiden kleinen Kindern seit einiger Zeit Unterkunft im Gutshaus gefunden. Sie stammte aus Giften, wo ihre Eltern noch wohnten. Ihr Mann war in Gelsenkirchen "uk.gestellt". Er war der Leiter eins "kriegswichtigen Betriebes". Die Abkürzung "uk" bedeutete "unabkömmlich". Männer bekamen dieses Siegel, wenn sie nicht durch Frauen oder zurückgerufene Pensionäre zu ersetzen waren.

Ostern war der Familienvater kurz vor dem Einmarsch der Amerikaner mit dem Fahrrad von Gelsenkirchen nach Giften gefahren, um an seinem Geburtstag bei der Familie zu sein. Er hatte sich wahrscheinlich illegal auf den Weg gemacht, denn der Wunsch, am Geburtstag bei der Familie zu sein, hätte zu der Zeit nicht als Grund gegolten, seinen Posten zu verlassen.

Wenige Menschen hatten damals Telefon, das macht sich heute kaum noch jemand klar. So war das Ostern vereinte Ehepaar am 9. April zu den Eltern im Dorf gegangen, um sich zu vergewissern, dass bei ihnen nach dem Einmarsch alles in Ordnung sei.

Zu Beginn der Sperrstunde kamen beide ins Gutshaus zurück, sie kamen durch die bewachte Haustür in die Diele. Es war Zufall, dass Fridel Mumme und ich in genau diesem Moment aus der Wohnzimmertür am oberen Ende der Treppe traten, um in die Küche zu gehen. Wir sahen den Mann, er wollte die kleine Treppe zum Obergeschoss benutzen, in dessen Seitenflügel seine Familie untergebracht war.

Vor Schreck erstarrten wir, als unten an der kurzen Treppe ein amerikanischer Soldat plötzlich laut auf den Mann aus Gelsenkirchen einredete, englisch natürlich und sehr laut. Ohne uns zu rühren oder zu sprechen, sahen und hörten wir, was am Fuße der kurzen Treppe geschah. Für uns schien es, als verlangte er die Uhr des Mannes, der offenbar kein Englisch verstand. Sekunden später knallte ein Schuss. Vor unseren Augen fiel der der Mann tot zu Boden. Es war der Familienvater aus Gelsenkirchen.

Wir wichen entsetzt zurück. Ein zweiter Schuss schlug unmittelbar neben uns in die Wand. Das Treppenhaus war damals getäfelt. Ein deutlich sichtbarer Einschuss im dunklen Holz, wenige Zentimeter neben unseren Köpfen, zeigte an, dass eine von uns beiden gerade großes Glück gehabt hatte. Wir schlüpften zitternd ins Wohnzimmer, die Tür so wenig wie möglich öffnend.

Von den folgenden bedrückenden Tagen ist nichts in meiner Erinnerung geblieben, sie mussten einfach überstanden werden. Ich weiß nicht einmal, ob es vier oder mehr Tage waren, bis mein Vater auf seinem Fahrrad eintraf, um mich abzuholen.

Es gab ein freudiges, erleichtertes Wiedersehen. Mein Fahrrad stand bereit. Beim Abschied von der liebenswerten, großzügigen Gastgeberin kam unser überwältigender Dank aus tiefsten Herzen. Beim Abschied von Fridel Mumme und den andern hieß es schon zuversichtlich "bis zum baldigen Wiedersehen in Hannover". Es folgten besorgte gute Wünsche für unsere bevorstehende lange Radfahrt. Mein Vater konnte trösten: es sei zwar dichter Verkehr auf der Straße, sehr große amerikanische Militärfahrzeuge, sehr kleine Jeeps und kein einziges deutsches Fahrzeug, aber Radfahrer würden gar nicht beachtet.

Zuversichtlich packten wir meine paar Siebensachen auf beide Gepäckträger, strampelten los und kamen nach ein paar Stunden ungeschoren in Hemmendorf an. Mehr ist über die gefürchtete Fahrt tatsächlich nicht zu berichten.

Rückkehr nach Hannover

Der Krieg dauerte noch bis zum 8. Mai 1945. Ich weiß nicht mehr genau, wann wir am Ende wieder nach Hannover übersiedelten. Bestimmt war es eine ganze Zeit vor dem formellen Kriegsende. Wir wussten nicht, was uns erwartete, aber unser Haus stand noch da. Der beim Abschied einigermaßen gefüllte Kohlenkeller war zum Leidwesen meiner Eltern leer. Den Koks für die Heizung hatte die junge Familie unserer Nachbarn, die als "Ausgebombte" in unserem Haus untergebracht waren, sorglos verbraucht.

Ein Argument dafür war der Gesichtspunkt, dass der Koks sowieso verloren gewesen wäre, hätte das Haus Bomben abgekriegt. Das leuchtete ein, außerdem gaben sie uns als Entschädigung einen vollen Zentnersack Zucker von den dreien ab, die sie in Anderten bei einer panischen Schiffsentladung erbeutetet hatten. Diese Verteilungs-Aktion war vergleichbar mit der Giftener Butteraktion, (Parole: "Damit das kostbare Gut nicht in Feindeshand fällt") Nur war Zucker in Zentnersäcken ein heftiges Transportproblem.

Unsere Mitbewohner, "Ausgebombte", eine junge Frau, deren Mann in Gefangenschaft war, ihre knapp 14jährige Tochter und der noch jüngere Sohn hatten sich im Chaos der Verteilung, das sie anschaulich zu schildern wussten, geradezu heldenhaft aufrecht erhalten. Mit zwei Fahrrädern, eins davon mit Anhänger, schafften sie es, die reiche Beute nach Hause zu bringen.

Rund um Berlin tobten noch erbitterte Kämpfe, aber für uns im inzwischen von Engländern besetzten Hannover gab es bereits keinen Krieg mehr, stattdessen genossen wir Ruhe und Zuversicht. Erstens war der Friede nahe und zweitens glaubten wir, dass wir von einer englischen Besatzung am wenigsten zu fürchten hatten. Schließlich waren doch England und Hannover von 1715 bis 1837 ein gemeinsames Königreich gewesen und waren nur deshalb nicht Teil der großen Epoche der Queen Victoria geworden, weil Hannover keine weibliche Thronfolge vorsah.

Vielleicht wurde Hannover einfach wieder englisch. Na und?

Kein Wunder, dass nach jahrelangem schaurig jaulendem Sirenengeheul, krachenden Bomben, unbezwingbaren Bränden, Angst ums Überleben, jetzt alltägliche Schwierigkeiten nicht zählten. Und doch ersehnten wir das wirkliche Kriegsende, das unterzeichnete, das endgültig Sicherheit gewährte, was auch immer es sonst bringen mochte.

Es war der Sommer 1945, aber man dachte schon an den nächsten Winter. Ich glaube, Fenster konnten bereits repariert werden, das war schon mal ein wunderbarer erster Schritt. Dann kam die Heizung. Von der Zentralheizung, für die kein Koks aufzutreiben war, wurde das Wasser abgelassen, damit es im Winter nicht einfrieren und die Heizkörper sprengen konnte.

Während des Sommers versuchte alle Welt, primitive eiserne Öfen aufzutreiben, meist auf dem "Schwarzen Markt" oder auf dem Tauschwege – einem neuen, ganz privaten Markt, bei dem Angebot und Nachfrage auf zahllosen handgeschriebenen Zetteln an Anschlagtafeln im Freien oder in Läden zu suchen waren. Das Wort Datenschutz war damals noch völlig unbekannt. Namen, Adressen, die Uhrzeit, wann der Tauschpartner zu Hause war, alles wurde der Öffentlichkeit anvertraut. Dieser Markt boomte völlig ungestört, weil ihn einfach jeder brauchte.

Die eisernen Öfen wurden manchmal aus Ruinen gebuddelt, die meisten waren erstaunlich unverwüstlich und noch gut brauchbar. An vielen heilgebliebenen Häusern und ehemals eleganten Villen, die früher Kachelöfen (Briketts dafür gab es schon lange nicht mehr) oder Zentralheizungen benutzten, sah man Ofenrohre aus Fenstern ragen. Das fiel nicht weiter auf, denn Ofenrohre ragten überall aus Fenstern: Bei Behörden, Firmen, selbst bei bewohnten Kellern unter zerstörten Häusern.

Wir konnten unseren irgendwo aufgetriebenen kleinen schwarzen Eisernen im Wohnzimmer an den Schornstein der stillgelegten Zentralheizung anschließen. Mangels brauchbarer Kohle wurde er mit einem feuchten Zeugs namens "Emscher Schlamm" gefüttert, das, nachdem es über trockenen Ästen mit äußerster Vorsicht angezündet worden war, dennoch nie ordentlich brennen wollte. Zwar stocherten wir von Zeit zu Zeit in dem kompakt zusammenschmelzenden Brennstoff herum, um ihm Luft zu verschaffen. Trotzdem ereigneten sich beinahe täglich starke Verpuffungen, die das ganze Zimmer mit tiefschwarzem Rauch verdunkelten. Da half selbst im extrem kalten ersten Nachkriegswinter nur eines: Fenster aufreißen, Durchzug schaffen, weiteres wildes Stochern im Ofen, Fenster schließen, bibbern.

Wir wohnten nahe genug an der Eilenriede, um beinahe täglich auf Holzsuche zu gehen. Das fiel aber nicht nur uns

Anliegern ein. Viele Hannoveraner scheuten weite Wege nicht, obwohl sie das Holz unauffällig in Taschen zu Fuß nach Hause tragen mussten. Normales Bruchholz lag kaum am Boden, schon gar kein trockenes. Was zu finden war, musste in kleinen Stücken tagelang neben dem Öfchen gestapelt werden.

Die Eilenriede, obwohl ein geschlossenes Waldgebiet, hatte im Laufe der vielen Angriffe doch manche schwere Sprengbombe abgekriegt, die ausgewachsene Bäume entwurzelt hatte. Das Forstamt kümmerte sich darum, soweit es möglich war, aber ehe die Stämme zersägt wurden, halfen die Hannoveraner zu ihren eigenen Gunsten nach Kräften bei der Entsorgung, (dieses Wort war damals aber noch nicht erfunden) indem sie so viel Kleinholz vom Geäst rupften, wie sie nur erreichen konnten.

Manchmal wurden in der Eilenriede sogar ganze Bäume geklaut. An alte, erwachsene Bäume mit dicken Stämmen trauten sich Amateur-Holzfäller nicht heran. Aber mancher schlanke junge Baum wurde nach dem Motto "Not kennt kein Gebot" laienhaft abgeholzt und verfeuert. Nach dem Krieg meldeten sich reuige Holzdiebe, oft anonym, bei der Stadt und überwiesen ordentliche Summen für eine Aktion "Neuanpflanzungen".

In der Eilenriede gab es in den ersten Friedensjahren noch viele tiefe Krater schwerer Sprengbomben. Sie waren voll Wasser gelaufen, also kreisrunde Teiche, die im Laufe der Bombenzeit schon zu interessanten Biotopen geworden waren. Oft hatte eine stattliche umgerissene Buche mit ihrer großen Wurzelscheibe danebengelegen, die das städtische

Forstamt natürlich bald verwertet hatte. Um den Krater hatte es sich nicht auch noch kümmern können. Mit großem Interesse wurde ihre Entwicklung angesehen, die häufig als Bereicherungen geschätzt wurden.

Aber die Stadt wollte ihre Eilenriede nach dem Kriege wieder in alter Schönheit sehen, was auch verständlich war. Ich schrieb im März 1951 eine sogenannte "Lokalglosse" über die ehemaligen Bombentrichter, für die die Stadt eine unkonventionelle Lösung vorschlug. Die Glossen hatten die Standard-Überschrift:

Die "hp" sieht heute

Bombentrichter

Es gibt in der Eilenriede immer noch Bombentrichter. Aber sie haben sich dem Bild des Waldes so eingefügt, daß sie kaum noch auffallen.

Auf dem Rand eines dieser ringförmigen Mondseen am Weg vom Kirchröder Turm nach Bischofshol stehen zwei Männer und ein Junge. Sie schwenken mit Ausdauer Kescher an langen Stielen durch das wenig appetitliche Wasser des Tümpels. Sie tun das oft und sind nicht die Einzigen. Im Wasser wimmelt es nur so von Wasserflöhen. In anderen Bombentrichtern gibt es Mückenlarven. Für die Aquarienfreunde ist das erfreulich. Für die Spaziergänger weniger. Aus den Larven werden schnell sehr muntere Stechmücken.

In diesem Jahr sollen auch die letzten Bombentrichter aus dem Stadtwald verschwinden. Zuschütten kostet Geld. Darum hat man den einfachsten Weg gewählt: Die Waldrandbewohner dürfen ihre Abfälle in die Trichter werfen. Schön

ist das nicht, hygienisch auch nicht. Aber die Löcher werden
voll. Bald sollen sie mit Erde richtig eingeebnet werden. Den
Naturforschern von Berufe und den Liebhabern tut es um die
Tümpel leid. Aber trotz Wasserflöhen und Infusorien: der
Spaziergänger in der Eilenriede mag 1951 nicht mehr an den
vergangenen Krieg erinnert werden.   Eli.

Die Notjahre nach dem verlorenen Krieg

Als der Krieg im Mai 1945 richtig, richtig zu Ende war, fing für mich, 17, jeder Morgen mit der Freude an, Alarme, Bunker, Bomben ganz und gar vergessen zu können. Jeden Abend überkam mich das Glücksgefühl, jetzt Licht aus den Fenstern auf die Straße fallen zu sehen. Sechs lange Jahre, von elf bis siebzehn, hatte ich nur strengste Verdunkelung gekannt, eine von der Abenddämmerung an ängstlich einzuhaltende Finsternis. Nächtliche Straßenbeleuchtung, so armselig sie nach dem desolaten Zustand zerbombter Städte auch sein mochte, war ein neues Erlebnis für mich, und dass man sich zur Nacht schlafen legte und bis zum Morgen durchschlief, war zuerst fast nicht glauben.

Ein Alptraum verfolgte mich noch zwei oder drei Jahre lang. Ich hetzte zum Bunker, war froh, den Eingang im Menschenstrom passiert zu haben, bis ich plötzlich merkte, dass der Bunker keinerlei Schutz bot. Er hatte plötzlich riesige Glasfenster. Aber mit der Zeit wich die Angst dem Gefühl: "Ach so, das ist nur wieder dieser blöde Traum", so dass ich nicht einmal davon aufwachte. Der Traum kam mir damals, weil ich in der Oststadt einen Bunker gesehen hatte, in den schon mal versuchsweise Fensterlöcher gesprengt worden waren, um auszuprobieren, ob sich die Bunker als Unterkünfte für zurückkehrende, obdachlos gewordene Hannoveraner eigen könnte.

Insgesamt war die Nachkriegszeit sogar schon in der ers-

ten Notzeit für mich sorglos und glücklich, gefüllt mit Pläne-
machen. Es war herrlich, frei in Hannover herumzustreifen,
die wieder geöffneten Museen zu besuchen, die zahlreichen
Veranstaltungen zu entdecken. Es gab Konzerte, Lesungen,
erste Theateraufführungen im Galeriegebäude Herrenhausen,
erste neue deutsche und ausländische Filme in den damals
zahllosen Kinos.

Das meiste fand in kaputter Umgebung statt, aber dass es
kulturelle Veranstaltungen überhaupt schon wieder gab, dass
man bisher Ungekanntes, Verbotenes sehen, hören und lesen
konnte, war überwältigend. Im Theater am Ballhof lernten
wir Thornton Wilder's und Arthur Miller's Theaterstücke in
hervorragenden Aufführungen kennen. Ach, und die vielen
Bücher aus aller Welt, die man jetzt lesen durfte! Der
Rowohlt-Verlag druckte im ersten Nachkriegsjahr für den
großen Nachholbedarf "Rotationsromane" auf Zeitungspapier, und wie mit dicken Zeitungen hantierte man mit den
Blättern, nur achtsam, damit nichts durcheinander kam.
Wenig später erschienen dann die preiswerten ro-ro-ro-
Taschenbücher, ein beglückendes Zeichen dafür, dass die
Normalität viel schneller zurückkehrte, als zu hoffen gewe-
sen war. Alles war anders als bisher, frei, aufregend.

Ich brannte darauf, mit dem Berufsleben anzufangen.
Für Mädchen, die nicht schon im Kriege ihr Studium ange-
fangen hatten, war es aussichtslos, einen Studienplatz zu
ergattern, schon gar nicht, wenn sie, wie ich, erst knapp 17
Jahre alt waren. Zuerst hatten Männer, die endlich aus dem
Krieg zurückkamen, ein Anrecht darauf, das sah ich ein.
Aber ich wollte etwas tun.

Wie ich beinahe Apothekerin geworden wäre

Meine große Schwester hatte Apothekerin werden wollen, auch das dazugehörige Praktikum absolviert, dann aber lieber Chemie studiert. Die Apothekerei schien mir trotzdem verlockend, und weil das Praktikum ohnehin Pflicht war, konnte ich doch gleich damit anfangen, dachte ich. Gedacht, gehandelt. Auf zur Stadt!

Ich wusste, dass in der fast völlig zerstörten Königstraße ein einziges wunderschönes Haus aus der Gründerzeit, Eckhaus zu einer Nebenstraße, die Trümmer ringsum unversehrt überragte. Eine abgerundete Treppe an der Ecke des Hauses führte zum Eingang in eine bezaubernd historische Apotheke. Sie hieß noch dazu "Elisabeth-Apotheke".

Zuerst trat man in einen kleinen Vorraum mit schön geschnitzter Wartebank für Kunden. Der eigentliche Apothekenraum war durch einen kunstvoll gestalteten Tresen und eine ebenso schöne Wand aus Holz und bemaltem Glas vom Vorraum getrennt. Eine dazu passende edle Tür verband die Räume.

Es war ein Sonnabend. Ich stand vor dem eindrucksvollen Tresen und fragte, ob ich vielleicht als Praktikantin eingestellt werden könnte, ich würde gern Apothekerin werden. Ohne Umstände wurde ich zum Chef geführt, gleich mit der Auskunft, dass er die damals offiziell nötige Lehrgenehmigung besäße. Der Chef fragte mich aus und befand nach weniger als einer halben Stunde: "Ja, gut, kommen Sie nur. Wann können Sie anfangen?" Ich sagte: "Montagmorgen, und um welche Uhr?" Es ging morgens ganz schön früh los. Aber das machte nichts. Nachts gab es ja keine Störungen mehr.

Fünf Monate war ich Praktikantin, richtig mit Lehrvertrag. Es war immer so viel zu tun, dass ich schon bald richtig rezeptieren durfte: Zutaten abwiegen, daraus mit Gummi Arabicum Pillen drehen. Salben nach Rezept in die Grundmasse rühren. Mit kleinen baumelnden Handwaagen sehr genau Pulver abwiegen, im Mörser mit Pulverzucker mischen und von einer der Länge nach geknickten, neuen glatten Spielkarte mit Gefühl gleichmäßig auf die bereitliegenden Papierhüllen durch Antippen der Karte zu verteilen. Sogar an den Morphium-Schrank durfte ich.

Fertige Medikamente gab es damals noch kaum. Mindestens 150, oft viel mehr völlig unterschiedliche, zeitaufwendig anzufertigende Rezepte von sehr verschiedenen Ärzten wurden pro Tag von den Patienten gebracht. Da steckte viel Arbeit drin, auch in der vorschriftsmäßigen korrekten Verpackung. Nur in ganz dringenden Fällen konnte bei diesem Pensum im Vorraum auf ein Rezept gewartet werden. Es gab ja nur wenige Apotheken, denn damals galt eine strenge Apothekenordnung, nach der die Lizenzen zur Niederlassung je nach Größe eines Ortes vergeben wurde.

Mir gefiel es in der Apotheke durchaus gut. Auch mein zum Beruf gehörendes Herbarium war schon ganz umfangreich, als die Nachricht kam, dass ich in den Herbst-und Wintermonaten einen der für alle "Notabiturienten" eingerichteten Kurse besuchen und eine Prüfung bestehen musste, um das Abitur gültig für ein Studium zu machen.

Das war an sich eine überschaubare Unterbrechung auf

dem Wege zur Apothekerin, sie wurde mir sofort gewährt. Nur starb leider während der Schul-Zwischenzeit der Inhaber und Chef der Elisabeth-Apotheke. In Hannover gab es damals nur ein halbes Dutzend Apotheker mit Lehrgenehmigung, die streng geregelt war. Ich fand keine freie Stelle.

Außerdem musste ich mein Herbarium entsorgen. Es hatte Schimmel angesetzt, nährte allerlei Insekten. Alle meine Pflanzen hatte ich ohne Wurzeln gepresst und aufgeklebt. Wurzeln gehörten aber dazu, hieß es. Neues Herbarium anfangen? Diese oft dicken, langen Wurzeln fand ich sehr erschwerend. Mit einem guten und einem schwächeren Grund hängte ich, wie meine große Schwester, den Apothekenberuf an den Nagel.

Übrigens: Viele Jahre später kam ich einmal an der Elisabeth-Apotheke vorbei und war neugierig genug, plötzlich Zahnpasta kaufen zu müssen. Die Außentür war noch die alte. Aber als ich sie hinter mir schloss, entsetzte mich der lieblos "modernisierte" Innenraum. Die ganze ehrwürdige, schöne und absolut zweckmäßige Einrichtung aus wertvollem Holz war verschwunden, einfach ersetzt durch den langweiligen Nachkriegs-Standard. Die Glaswand im edelsten Jugendstil war entfernt. Nur die Wartebank stand noch verloren an der Wand des früheren Vorraums. Die Apotheke gehörte der Tochter.

Wie ich beinahe Berufsschullehrerin geworden wäre

Ja, was nun? Mein Vater schlug mir vor, Berufsschullehrerin zu werden. Dazu gehörte auch ein Praktikum, eine wegen des Abiturs verkürzte Handwerkslehre, die nach zwei statt nach drei Jahren mit der Gesellenprüfung abschloss. Das pädagogische Studium würde zwar auch warten müssen, aber nach dem Praktikum nicht mehr lange, war zu hoffen. "Lern doch in den beiden praktischen Jahre Schneidern", sagten meine Eltern, "das kann man immer gebrauchen."

Na gut, ich ließ mich überreden.

Es war nicht schwer, eine Lehrstelle zu finden, denn Schneiderinnen waren sehr gefragt und nahmen manchmal mehr Lehrlinge an, als zur Werkstattgröße passte. Auch die Gewerbeordnung, die die Anzahl der Lehrlinge im Verhältnis zu den als Ausbildende eingerechneten Gesellinnen vorschrieb, wurde damals nicht so genau genommen. Die wunderbare Aufbruchsstimmung gab sich nicht mit Kleinigkeiten ab.

Frauen sehnten sich nach dem Kriege nach neuer Kleidung. Zu kaufen gab es noch nichts. Gerettete Stoffe wurden ans Licht geholt, alte Kleidung wurde aufgetrennt, der Stoff gewaschen, gebügelt, Reste gesucht, die dazu passten, damit eine Nadelkünstlerin etwa Neues, Schöneres daraus zaubern konnte.

Die Schneiderwerkstatt meiner Meisterin Ilse Molly lag in Waldheim. Von Kirchrode, also damals von Vorort zu Vorort, fuhr ich mit dem Rad durch die Eilenriede. War das Rad nicht in Ordnung, ging ich zu Fuß. Unseren Stadtwald kannte ich auswendig, angstmachende Gedanken an eventuelle Bösewichte kamen mir nicht in den Sinn, obwohl ich früh am Morgen mutterseelenallein auf den Waldwegen unterwegs war.

Nur bei sehr schlechtem Wetter und im tiefsten Winter benutzte ich die Straßenbahn, die wieder regelmäßig fuhr. Die Fahrt dauerte länger als mein Fußmarsch, weil ich mit der Linie 5 erst von Kirchrode ins Stadtzentrum fahren musste, um am Aegi in die Linie 1 nach Waldheim umzusteigen. Die Bahnen waren völlig ungeheizt.

Auch Ofenbrennstoff war sehr, sehr knapp. Die Werkstatt war nur morgens gerade eben etwas angewärmt. Dafür konnte sie im Sommer quälend heiß werden, was kein Trost für den Winter war. Also: Schneidern lernte ich mühsam, mit klammen oder verschwitzten Fingern, aber ich lernte es. Kein Wunder bei 48 Arbeitsstunden pro Woche, dazu ohne Anrechnung "Werkstatt fegen und aufräumen" nach Feierabend.

Meine viel jüngeren Mit-Lehrlinge hatten schon als Zehnjährige ihre ersten Puppenkleidchen genäht. Mir dagegen war der Umgang mit Nadel und Faden absolut neu. Ich musste manchen ungünstigen Vergleich einstecken und viel scharfen Tadel in der ersten Zeit. Gelernt habe ich außer Schneidern auch anderes, zum Beispiel teilen, sich gegenseitig zu helfen, sich gut zu vertragen. Eine angenehm überraschende Erfahrung war auch, dass ich, anders als in meiner ganzen Schulzeit, von den 14- und 15-jährigen Lehrlingen beinahe als erwachsene Autorität angesehen wurde - vom Nähen allerdings abgesehen.

Einmal in der Woche war Berufsschultag. Der war beliebt, denn es war ein Tag ganz ohne Arbeit in der Werkstatt. Ich merkte aber schnell, dass ich auf keinen Fall Lehrerin an der Berufsschule werden wollte. Es schien mir zu frustrierend, Schüler zu unterrichten, die man nur einmal in der Woche sieht. Damals fassten Lehrlinge (ich auch) den wöchentlichen Schultag überwiegend als willkommene Erholung von der acht-ein-halbstündigen Werkstattfron auf. Manche schwänzten einfach, viele warteten mit deutlich gelangweilten Gesichtern auf die nächste Pause, geschwatzt wurde ständig.

In meiner Berufsschulklasse waren mehrere Abiturientinnen. Wir erledigten die von den jüngeren gefürchteten schriftlichen Hausarbeiten, Beschreibungen von Arbeitsvorgängen, mühelos, und wenn die Meisterin in der Werkstatt mal den Rücken drehte, half man schnell denen, die damit nicht zurecht kamen.

Nach zwei Jahren bestand ich meine Gesellenprüfung mit einem unerwarteten "fast gut". Die Näherei machte mir, als das Ende in Sicht war, sogar Spaß, auch weil ich für mich selbst einiges an aufgefrischter Kleidung hingekriegt hatte. Immerhin war die Meisterin nett genug gewesen, solche Versuche ihrer Lehrlinge mit Rat und Tat zu unterstützen. Ich besuchte nach der Lehre sogar kurz die Meisterschule, weil immer noch Zeit zu überbrücken war, aber ich merkte schnell, dass meine Nähfertigkeiten den dort üblichen Anforderungen nicht gewachsen waren.

Im Verlauf meines weiteren Lebens fiel mir gelegentlich angenehm auf, dass es aber nicht schlecht ist, etwas vom Nähen zu verstehen. Einmal zum Beispiel wurde mir in einem guten Kaufhaus ein wunderschönes Kleid angeboten, das leider einen schlecht genähten Abnäher hatte. Der Fehler, den ich sofort erkannte, werde selbstverständlich in der hauseigenen Werkstatt behoben, wurde mir versichert. Zufällig sah ich den Zettel, der von der Verkäuferin dazu ausgefüllt wurde. Er trug den Zusatz: "Bitte sorgfältig arbeiten, Kundin kennt sich aus."

Ein neuer Mensch in meinem Leben

Schon als ich mich nach dem Kriege wöchentlich gut 50 Stunden in der Schneiderlehre mit Nähen und mit sonnabendlichem Werkstattputzen plagte, Hannover noch in Trümmern lag, das Geld nichts wert war, entstand in der Stadt das neue, schöne, jetzt unbedrohte Leben. Dazu gehörten auch die Veranstaltungen, die im Kriege eingestellt wurden, zum Beispiel Tanzstunden. Alle in meiner Klasse waren zu Anfang des Krieges alt genug, um eine Schüler-Tanzschule mitzumachen, nur ich allein trabte um diese Zeit noch jede Woche zur damals zweijährigen Konfirmandenstunde.

Tanzen zu lernen wollte ich nach dem Kriege unbedingt nachholen, denn getanzt wurde schon 1946 wieder, oft sogar auf schnell organisierten Bällen in den Maschsee-Gaststätten oder bald sogar im Kuppelsaal der Stadthalle, die den Krieg erstaunlicherweise mit reparablen Schäden überstanden hatte. Musiker und flotte neue Musik begeisterten. Die seltsamen Getränke zu der Zeit wurden nicht so wichtig genommen. Sie enthielten alles Mögliche, aber kaum Alkohol. Das war damals sicher eher Vorteil als Nachteil, und meinem Eindruck nach kümmerte es junge Leute nicht im Geringsten.

Natürlich fand ich mich nach dem Kriege zu alt für eine Schülertanzstunde mit 15- und 16-jährigen. Ich war stolze 19, landete also in einer Studenten-Tanzstunde. Und da war ein

Student dabei, der mir sofort mehr als jeder andere gefiel und der später behauptete, ich hätte ihm sofort mehr als jede andere gefallen. Wir wurden feste Tanzpartner. Abends fuhren nur wenige Straßenbahnen, aber mein Tanzpartner brachte mich zu Fuß nach Hause. Das war eine sportliche Leistung erster Klasse, denn er hatte seine Studentenbude in Ricklingen, ungefähr in der weitesten Entfernung vom Stadtteil Kirchrode. Immerhin gab es eine willkommene Abkürzung durch die dunkle Eilenriede, in der wir uns Zeit ließen. "Ganz zuerst dachte ich, Du wärest eine Försterstochter", sagte er beim zweiten späten Heimweg. "Darf ich zu Deinen Eltern kommen, damit sie mich kennenlernen und wir uns verloben dürfen?", fragte er beim dritten Fußmarsch durch die Eilenriede zur Metzer Straße.

Ja, er kam, und meine Eltern hatten keine weiteren Bedenken.

Die Währungsreform

Am Freitag, dem 18. Juni 1948, fand die mit Besorgnis und Spannung lange erwartete "Währungsreform" statt, über deren Zeitpunkt nur spekuliert wurde. Sie war perfekt durchorganisiert. Dazu gehörte auch, dass der Termin ganz kurzfristig bekannt gegeben wurde: Freitag hieß es: Sonntag gibt es pro Person 40 Deutsche Mark. Am Samstag waren sämtliche Geschäfte geschlossen. Pro forma war häufig eine fadenscheinige Begründung angegeben: Erkrankung oder Umbau, was der Sache sogar nah kam.

Dann folgte der große aufregende Sonntag. Pro Nase,

gehörte sie dem kleinsten Baby oder seiner Urahne, wurden in den offiziellen Umtauschstellen 40 wertlose Scheine gegen das ersehnte neue starke Geld umgetauscht. Kleine Münzen blieben zunächst gültig. Es soll Leute gegeben haben, die das ahnten und Münzen aufhäuften, aber Reichtümer waren daraus nicht zu machen.

Meine Mutter ging allein nach Kirchrode, weil es erstens keinen Zweck hatte, zu mehreren Schlange zu stehen, und zweitens mein Vater sich um Gelddinge kaum je kümmerte.

Als sie zurückkam, bestaunten wir zu dritt, wie herrlich sich das frische Aussehen der neuen Scheine gegen die schmutzigen alten Lappen der Reichsmark abhob. Außerdem staunten wir über eine große Tüte mit sagenhaft prallen reifen Süßkirschen, die meine Mutter gekauft hatte. "Mutti, von dem neuen Geld! Das muss doch lange reichen! Und wieso gab es die am Sonntag? Alle Läden sind doch zu."

"Ach was, Papa kriegt doch in ein paar Tagen sein Gehalt in dem neuen Geld! Und an der langen Schlange stand ein schlauer Obstbauer mit einem Pferdewagen voll mit diesen dicken schwarzen Süßkirschen. Die haben wir doch jahrelang nicht gesehen". Dieser Obstbauer war zumindest in unserem Stadtteil der erste, der die neue Zeit verstanden hatte.

Das Überwältigende an der neuen Währung war das Wunder, dass es von einem Tag zum andern überall volle Schaufenster gab, mit all der "Friedensware" (der bisher gängige Ausdruck für alles, was wir eben jahrelang entbehrt hatten).

Als erstes rollte "die Fresswelle" übers Land. Sie dauerte

mindestens zwei Jahre, in denen das Gesamtgewicht der Bevölkerung kräftig zunahm, dann folgten die „Einrichtungswelle", die "Reisewelle", in der die Deutschen vor allem Italien neu entdeckten.

Der erste Mann, in den ich mich verliebte, war ein Student aus Hamburg, der erst im Dezember 1946, also fast zwei Jahre nach Kriegsende, aus kanadischer Gefangenschaft zurückgekommen war. Die späte Rückkehr lag nicht an politischen Hürden wie in Russland, aus dem die letzten in Sibirien festgehaltenen Gefangenen erst 1955 freigelassen wurden, wofür der damalige Bundeskanzler Adenauer eigens nach Moskau flog und lange verhandeln musste. Der Grund für die verspätete Freilassung aus Kanada war einfach der Mangel an Schiffsraum. Die nach dem deutschen U-Boot-Krieg verbliebenen Schiffe wurden zuerst eingesetzt, um die lange abgeschnittene Versorgung der britischen Bevölkerung endlich zu verbessern.

Mein Liebster hatte drei Schwestern, zwei ältere und eine jüngere. Geboren waren alle Geschwister in Thüringen, in Seubtendorf, wo mein Schwiegervater Pastor war. Mein Tanzstundenpartner und späterer Ehemann hatte viel zu erzählen. In Kanada waren Kriegsgefangene von Anfang an fair behandelt worden. Der kanadische Winter ist hart, aber sie lebten in beheizbaren Baracken und bekamen genug Brennstoff, mit denen sie auch nachts die Öfen füttern konnten. Sie wurden medizinisch betreut, hatten genug zu essen, durften nach Hause schreiben (hier wurde allerdings verständlicherweise kontrolliert). Sie konnten eine englische Bücherei benutzen, Sport treiben und sie konnten musizieren.

Fachkräfte für die verschiedensten Gebiete waren in dem Offizierslager reichlich vorhanden, so reichlich, dass sogar eine kleine Universität aufgebaut werden konnte. Dies war besonders wichtig für den unglücklichen Jahrgang 1915, der kurz nach der Schule eingezogen wurde.

Wie ich Journalistin wurde

Im Herbst 1948, noch im ersten Jahr der Währungsreform, fand auf dem Messegelände in Laatzen die "Deutsche Presseausstellung" statt, eine Wanderausstellung durch deutsche Großstädte. Diese Ausstellung war damals eine gute Idee, sie galt der „Erziehung zur Demokratie bzw. zur Entwicklung einer freien Presse in Deutschland nach dem Krieg". Es gab gleich nach dem Krieg erst wieder wenige Zeitungen in Deutschland, sie mussten von der Militärregierung genehmigt sein.

Die zunächst einzige Zeitung in Hannover mit Landausgeben für die Umgebung war die "Hannoversche Presse", hervorgegangen aus dem während der Nazizeit verbotenen sozialdemokratischen "Volkswillen". Es gab ja nach 1933 zwölf Jahre nur "gleichgeschaltete" Blätter, und es gab auch nur den "Großdeutschen Rundfunk", keinen anderen Sender. Der Versuch, Auslandssender zu empfangen, war riskant. Kam das raus, wurde rigoros bestraft. Übrigens waren die meisten Radiogeräte sehr bescheiden und gaben wenig her.

Das Messegelände war 1948 noch ziemlich neu, aber das neue Geld, die D-Mark, war noch neuer, brandneu, erst ein paar Wochen alt. Kein Wunder, dass es auf der Presseausstellung sehr, sehr viel ruhiger zuging, als die Veranstalter gehofft hatten. Für Eintrittspreise war das bestaunte neue Geld vielen einfach noch zu schade.

Ganz sicher hätte auch ich kein Geld für Eintritt ausge-

geben. Aber, o Glück, ich hatte einen angenehmen Taschen-
geld-Job. Den verdankte ich eben demselben Nachbarn, der
mich als Schulkind im Regen hatte stehen lassen. Aber das
war lange her, Nachbarn waren wir immer noch, und seine
Tochter Ingrid war meine Freundin geblieben. Ihr Vater hatte
ein großes innerstädtisches Papiergeschäft, "C. Oswald &
Co.", das noch heute groß und innerstädtisch ist.

Ingrid und ich waren jetzt 20 und bekamen für zehn Tage
den Job, in einem Kiosk der Firma eben die edlen Dinge zum
Schreiben zu verkaufen, die seit der Währungsreform wieder
da waren: richtig gute Füllhalter, richtig gutes Malpapier,
richtig gutes Briefpapier, gute Zeichenblöcke und Schreib-
blöcke jeden Formats, alles war im Angebot. Ich fühlte mich
wie im Paradiese. Gutes Papier war schon immer meine Leidenschaft gewesen.

Nun traf es sich, dass die neu gegründete "Hannoversche
Presse" auf der Ausstellung eine kleine Außen-Redaktion
eingerichtet hatte, die täglich ein kostenloses Blatt heraus-
brachte. In der ersten Nummer wurden Besucher der Ausstellung ermuntert, auch mal Reporter zu spielen. Willkommen
seien kurze Beiträge bis zu der und der Länge, ich glaube, es
waren etwa 20 Druckzeilen, die bei Abdruck mit zehn neuen
Mark honoriert würden.

Das reizte mich. Eine Schreibmaschine hatten wir nicht
im Kiosk, aber viel Zeit. Also konnte ich mal herumstreifen,
schrieb dann mit der Hand eine Seite vom Probeblock voll,
auf dem Schreibgeräte ausprobiert werden konnten. Mit
Rand, einseitig beschrieben, (darum war gebeten worden)
brachte ich das Werk in die Ableger-Redaktion auf der Mes-

se. Am nächsten Tage fand ich es zu meiner Freude im Blatte. Das versuchte ich begeistert gleich noch einige Male.

Über was ich da geschrieben habe, weiß ich längst nicht mehr. Es können nur kleine Beobachtungen im Freigelände der Messe oder in den Ausstellungen gewesen sein. Jedenfalls wurden sie gedruckt, nur der Name war jedes Mal verändert oder abgekürzt, vermutlich, damit es nach verschiedenen Besucher-Zuschriften aussah. Aufgehoben habe ich leider nichts davon. Dass man so etwas "Belege" nennt und ordentlich abheftet, konnte ich noch nicht wissen. Schreiben zum Beruf zu machen, schien mir eine große Verlockung, denn natürlich hatte ich bei den Begegnungen in der Redaktion außer dem Honorar auch Lob und Ermunterung bekommen. Mal sehen, dachte ich.

Dann geschah gegen Ende der Ausstellung eine Tragödie in der regulären Redaktion der "Hannoverschen Presse". Eine junge Volontärin nahm sich das Leben. Sie warf sich verzweifelt vor einen Zug. Es war eine ehemalige Mitschülerin meiner Freundin Ingrid auf der Sophienschule. Ich kannte sie nicht, hörte aber, sie sei die Tochter eines bekannten Rechtsanwaltes und unglücklicherweise Kleptomanin. In der Redaktion hatte sie Geld aus den Jacketts gestohlenen, die ihre männlichen Kollegen lässig auf den Stuhllehnen herumhängen ließen. Dieses Geld hatte sie dazu benutzt, um mit großen Kuchenpaketen und kleinen Geschenken in der Redaktion Anerkennung und Sympathie zu gewinnen. Als ihr die Gelddiebstähle nachgewiesen wurden, habe sie in abgrundtiefer Verzweiflung keinen anderen Ausweg als den Tod gewusst.

Mir wurde von der Redaktion der Hannoverschen Presse auf dem Messegelände geraten, mich sofort um das frei gewordene Volontariat zu bewerben. Ich hatte Hemmungen. "Dann nimmt es eben irgendwer anders", hieß es. Also bewarb ich mich. Das ging ohne große Umstände vor sich: Vom Pförtner der Redaktion in der Georgstraße 33 wurde ich ins Chefsekretariat geschickt, nach kurzem Warten im Vorzimmer vom Chefredakteur Peter Korspeter interviewt, nach 15 Minuten ein paar Zimmer weitergeschickt zum Chef der Lokalredaktion, Karl Wiechert, und nach einem Gespräch dort zum 1. Januar 1949 als Volontärin für zwei Jahre eingestellt. Fertig!

Heute staune ich darüber, wie schnell damals alles ging. Wahrscheinlich deshalb, denke ich heute, weil die Erlösung, der ersehnte Frieden, eine einfach alles beflügelnde Aufbruchsstimmung hervorgebracht hatte.

Der 1. Januar, mein Arbeitsanfang in der Lokalredaktion, fiel auf einen Samstag. An den folgenden drei Tagen (damals wurde selbstverständlich sonnabends, auch sonntags in kleinerer Besetzung für die dünne Montagsausgabe, gearbeitet) lernte ich gleich alle Lokalredakteure, deren Kollegen vom Sport und einige Redakteure der Landkreis-Ausgaben kennen, denn es gab nur einen einzigen Raum für das gesamte "Lokale". Nur dessen Chef Karl Wiechert hatte ein winziges Zimmer für sich.

Der Chefredakteur Peter Korspeter schrieb seine Leitartikel damals unter dem Pseudonym "Peter Konradin". Die Witzbolde in der Redaktion machten daraus "Pater Konradin". Er war ziemlich gefürchtet, glaube ich, aber ich hatte nie etwas mit ihm zu tun und war froh, dass mein Chef Karl Wiechert hieß. 1949 wurde er Oberstadtdirektor. Nach ihm ist die Karl-Wiechert-Allee benannt.

In dem großen Redaktionsraum hatten je zwei gegeneinander zusammengeschobene Schreibtische ein gemeinsames Telefon, das man seinem Gegenüber an einem ausziehbaren Kreuzgitterarm zuschubsen konnte. Ein Schreibtischplatz war für mich gerade noch zu finden. Ich kann mich nicht erinnern, wem ich gegenüber saß, denn ich musste sofort viel lernen, zum Beispiel, welche Schreibmaschine ich mit wem zu teilen hatte. Außer dem Chef, der diktieren durfte, tippten damals alle Kollegen ihre Texte selbst in die klapprigen alten Schreibmaschinen, die zur Verfügung standen. Zwei Kollegen teilten eine uralte Remington, eine Spende der Militärregierung. Ich war die Dritte im Bunde. Die Remington hatte natürlich eine Tastatur, die für die englische Sprache eingerichtet war, mit einigen Unterschieden zur deutschen, wie noch heute. Die fehlenden Umlaute wurden ae, oe, ue geschrieben.

Mir machten die damit verbundenen Abweichungen vom professionellen Zehnfingersystem kein bisschen aus, weil ich, wie damals fast alle Kollegen, keine Ahnung vom echten Tippen hatte. In meinem eigenen Buchstaben-Suchsystem fand ich mich zurecht, es dauerte nur länger. Heute ist korrektes Tippen ein Einstellungs-Kriterium. Damals entwickelte sich jeder recht und schlecht sein eigenes "System Adler" nach dem Motto "Kreisen, Suchen, Draufstürzen". Perfekt mit der Maschine schreiben konnten nur die Redaktionssekretärinnen, die auch Briefen ein ordentliches Aussehen gaben.

Als Karl Wiechert mich zum ersten Mal zu einem Termin schickte, war sein guter Rat: "Block und Bleistift können Sie mitnehmen, aber schreiben Sie wenig auf. Hören Sie einfach aufmerksam zu, das Wesentliche kristallisiert sich besser heraus. Notieren Sie ein paar Stichworte, ein paar Zahlen, mehr nicht. Gut Zuhören schult auch das Gedächtnis." Der Termin damals war nur die "Jahresversammlung des Vereins der Taubenzüchter", aber den guten Rat habe ich mein Leben lang befolgt.

Es dauerte nicht lange, bis ich auch für Termine eingeplant wurde, die wichtiger waren. Eine Zeitlang war ich geradezu Spezialistin für Berichte über den Neubau von Schulen und die erstaunlich schnelle Reparatur nicht völlig zerstörter Schulen. Bei jeder der schnell aufeinander folgenden festlichen Schuleröffnungen war ich dabei und freute mich am fieberhaften Wiederaufbau der Stadt.

Hannovers Aufbauwillen unter dem damaligen Stadtbaurat Hillebrecht wurde von außerhalb "das Wunder von Hannover" genannt. Die Geschwindigkeit des Wiederaufbaus war tatsächlich eindrucksvoll. Es steckten auch gute Ideen im Aufbauplan, zum Beispiel, die Trümmerberge der Stadt als Grundlage für das Sportstadion aufzuschütten.

Aber insgesamt hatte der Aufbauplan, der die perfekt "autogerechte Stadt" mit neuen breiten Straßen erschaffen wollte, einen hohen Preis: Radikal wurde zu vieles abgerissen, was wenig beschädigt und erhaltungswert war. Eine Art "Weg damit, das ist alt"-Mentalität entfernte ohne Not zum Beispiel die "Wasserkunst" an der Leine, mitsamt dem kleinen Gebäude, das technisch und künstlerisch voll erhalten war. Es war mir holländischen Kacheln ausgefliest, eine alte, schöne technische Werkstatt, und kleines Kunstwerk.

Wo die Kacheln geblieben sind, weiß man nicht, aber dass die wasserspeienden Skulpturen an der Leinebrücke als nunmehr trockener Zierrat im Garten eines Mitglieds des Bauamtes landeten, erschien fotografisch dokumentiert später in den hannoverschen Zeitungen und löste heftige Empörung aus. So viel wie ich weiß, zog die Wut aber keine Folgen nach sich.

Mehr und mehr Volontäre

Vielleicht täusche ich mich, aber ich glaube, ich war im Januar 1949 zunächst allein im Volontariat. Das änderte sich aber schnell, wir waren bald eine ganze Truppe. Es ging sehr kollegial zu, wie waren ziemlich gleichaltrig, alle schon "in festen Händen", alle sehr verschieden in unseren Zielen, so dass es nicht zu Problemen oder zu unfairer Konkurrenz kam. Alle Volontäre konnte die HP nach zwei Jahren nicht übernehmen. Diejenigen, die nach dem Volontariat als Redakteure zu anderen Zeitungen im Bundesgebiet wechselten, verlor ich aus den Augen, ich weiß nicht einmal mehr ihre Namen.

Andere dagegen machten ganz große Karriere. Der in Hannover geborene, mit mir fast gleichaltrige Karl Otto Pöhl, ein fairer, netter Kumpel, stieg vom Wirtschaftsjournalisten zum jedermann bekannten Direktor der Bundesbank auf. Peter Merseburger wurde ein Fernsehjournalist, den ebenfalls jeder kannte. Sein Sohn, der ihm sehr ähnlich sieht, trat in seine Fußstapfen und wurde ebenso bekannt. Ein anderer

Mit-Volontär wurde beim NDR groß, noch ein anderer hängte den Journalismus an den Nagel und stieg bei VW bis in die oberen Etagen. Von der einzigen weiblichen Mitvolontärin weiß ich nur noch, dass sie den Ressortchef der Wirtschaftsredaktion heiratete, nicht, ob sie bei ihrem Beruf blieb.

Wir Volontäre arbeiteten alle im Schnitt mindestens 50 Stunden die Woche, das galt damals als ganz normal. Die Zeit ist im Journalismus nie genau zu überprüfen. Es geht ja nur zum Teil um Schreibtischarbeit. Im technischen Betrieb wurden mit Stechuhr gezählte 48 Stunden gearbeitet. Überstunden wurden damals schon korrekt bezahlt.

Wir hatten das Glück, dass bei der HP viele hervorragende Redakteure beschäftigt waren. Dr. Friedrich Rasche leitete das Feuilleton, ein Kunstkenner, ein anerkannter Autor, ein guter Mentor gleichfalls. Er war verheiratet mit einer Jüdin, die an seiner Seite glücklich durch die Nazizeit gekommen war, wie zum Glück viele jüdische Ehefrauen nichtjüdischer Männer. Zweiter Redakteur im Feuilleton war der Musikkritiker Erich Limmert, in seinem Fach ebenso anerkannt wie Dr. Rasche. Als sehr kundiger Musikkritiker durfte er nach Bayreuth, Salzburg und anderen großen Musikereignissen reisen und in solchen Fällen mit Erlaubnis des hannoverschen Verlages auch für große überregionale Zeitungen schreiben.

Eine Frau gehörte auch noch ins Feuilleton: Gerda Richter. Sie bearbeitete die wöchentliche Frauenseite, schrieb auch oft selbst bezaubernde Beiträge dafür, und war im Tagesbetrieb für Filmkritiken, kleinere hannoversche Kulturereignisse zuständig. Damals hatten noch fast alle Zeitungen eine Seite, die sich an Frauen wandte. Es ging nicht mehr wie einst fast ausschließlich um "Kirche, Küche Kinder", eher um allgemeine Familienthemen, auch um Vergleiche von Einst und Jetzt, die der enorme technische Fortschritt in den Jahren des Aufschwungs herausforderte. Später schafften Zeitungsverlage die wöchentliche Frauenseite ab. Sie wurde von Feministinnen - zu Recht – als überflüssig kritisiert, denn "Frauen lesen jetzt wie Männer die ganze Zeitung und brauchen keine eigene Seite mehr".

Aber viele Zeitungen hatten und haben immer noch eine Kinderseite. Unsere durfte ich machen, um auch im Feuilleton Erfahrungen zu sammeln. Ich hieß dort "Tante Ilse", was bestimmt worden war und mir eigentlich nicht gefiel. In einer kurzen Kolumne ermunterte ich die kleinen Leser zum Schreiben und Malen. Nun landete bergeweise Kinderpost auf meinem Schreibtisch: Schul- oder Tiergeschichten, Reime, lustige Erlebnisse, selbstgemalte Bilder. Die Bilder wurden oft sogar in Farbe gedruckt, damals ein neuer Luxus.

Der große Leserzuspruch und die Kinderbesuche in der Redaktion bewirkten, dass ich Lust und Liebe in die Kinderseite steckte. Als "Honorar" für Abgedrucktes bekamen die kleinen Mitarbeiter ein Kinderbuch. Ich durfte diese Bücher in der verlagseigenen "Volksbuchhandlung" aussuchen, das machte mir eine zusätzliche Freude. Meine Chefs im Feuilleton waren zufrieden.

Die Kinderseite blieb mir auch, als ich aus der Lokalredaktion zur weiteren Ausbildung in das Ressort für die Landkreisausgaben kam, die in der Gesamtausgabe ihren eigenen Lokalteil statt des hannoverschen hatten. Der wurde in Hannover aus den Beiträgen fester Mitarbeiter im Landkreis zusammengestellt, die jeden Tag "das Material" in einem dicken Umschlag schickten. Immer waren auch Beiträge ihrer Laienmitarbeiter dabei, die oft die Redaktion als Fundgrube für Stilblüten erfreuten. Auf alle Fälle war ich über die neue Aufgabe sehr froh, denn ich hatte jetzt spürbar mehr Verantwortung. Hildesheim und Neustadt am Rübenberge waren mein Revier.

Erfolg konnten die aus der Großstadt kommenden Landausgaben nur haben, weil zu der Zeit die beliebten traditionellen kleinen Heimatblätter sich noch um die Zulassungen durch die britische Militärregierung bemühen mussten. Wie sich wenig später herausstellte, hatte die Landbevölkerung mit der HP nur vorliebgenommen. Kaum konnten die alteingesessenen Heimatblätter wieder erscheinen, war die HP abgemeldet.

Während meiner Volontärzeit bekam ich eine neue Aufgabe, sogar mit einer Gehaltserhöhung. Die HP gründete einen Ableger in Bremen, genannt "Bremer Presse", analog zur "Hannoverschen Presse", obwohl dort gerade die alteingesessenen "Bremer Nachrichten" wieder auf dem Plan erschienen waren, dazu ein neues Blatt, der "Weserkurier". Beide waren vollendet bremisch, geradezu lokalpatriotisch, außerdem kannten sie die Bremer Mentalität natürlich durch und durch.

Die HP meinte, neben zwei konservativen Blättern müsste ein mehr nach links geneigtes Blatt willkommen sein. Es gab und gibt zwar in Bremen eine starke Sozialdemokratie, aber das neue Blatt aus Hanover, wenn auch "Bremer

Presse" genannt, war nicht willkommen, vor allem, weil nur der Lokalteil aus Bremen stammte und im Hauptteil das Niedersächsische unverkennbar in Erscheinung trat. Mir passierte es anfangs, wenn ich gesagt hatte, ich käme von der Bremer Presse, dass es hieß: "Von welcher denn, von den Nachrichten oder vom Weserkurier?"

Ich wurde nach Bremen geschickt, um dort in der Lokalreaktion das Zwei-Männerteam weiblich zu ergänzen. Die beiden Redaktionsräume lagen in einer einfachen innerstädtischen Vier-Zimmer-Mietwohnung im dritten Stock, etwa zehn Minuten Fußweg vom Ratshausplatz mit "Roland dem Riesen" entfernt.

Der Leiter der Lokalredaktion war ein Bremer, aus Hannover war noch der Kollege Woyzeck mit Frau und Baby versetzt worden. Diese drei bewohnten zwei Zimmer der Wohnung, was einesteils bequem für das Ehepaar war, (spät aufstehen, Mittagessen, Schläfchen halten) andernteils auch lästig (jederzeit erreichbar). Nur der Fotograf war natürlich ein waschechter Bremer, ein Stadtkenner von Jugend an.

Die Bremer Monate waren eine schöne Zeit, obwohl sie mich von dem geliebten Mann trennten, mit dem der Hochzeitstermin schon feststand. Aber da wir beide wie in Hannover wochentags schreckliche Arbeitszeiten hatten, blieb uns auch dort nur das Wochenende. In Bremen hatten wir es in einer aufregend neuen Umgebung ganz für uns allein.

Meist war es eine Mitfahrgelegenheit in den Lieferwagen der HP, die wir beide aus Sparsamkeit wahrnahmen – entweder kam er am Wochenende nach Bremen oder ich nach Hannover. Man saß da zwar auf Zeitungspaketen oder zwischen allen möglichen Gerätschaften, kam aber kostenlos an, das war für uns damals sehr wichtig, denn wir hatten ja beide sehr wenig Geld.

Unsere Verbindung bestand außer Briefen in fast täglichen "Gesprächen" am Fernschreiber. Spät am Abend wurde von den gerade Diensthabenden geduldet, dass wir dieses fabelhafte Gerät privat benutzten. Höheren Ortes wurde es bestimmt nicht gern gesehen, denn sicher war der Betrieb dieser noch ziemlich neuen Einrichtung nicht gerade billig. Die Hannoversche Presse hatte das teure Dings installiert, damit der lokale bremische Anteil jeder Ausgabe leicht und schnell zum Drucken nach Hannover geschickt und sogar falls nötig noch aktualisiert werden konnte.

Ein Ärgernis für Bremer Leser war nur, dass man die HP meist sofort als niedersächsisch erkannte. In den beiden Bremer Zeitungen standen wichtige Bremische Ereignisse selbstverständlich auf der Titelseite, in der "Bremer Presse" musste der Leser die innen liegenden Lokalseiten erblättern, wenn etwa auf der Hauptseite vom niedersächsischem Landtag die Rede war, der in Bremen nicht sonderlich interessant war. So etwas missfiel im damals sehr lokalpatriotischen Bremen besonders und wurde der Hauptgrund für den Rückzug der HP aus Bremen, weil selbst die zahlreichen Sozialdemokraten nicht dauerhaft als Abonnenten zu gewinnen waren.

Zurück zum Fernschreiber: Das Gerät sah wie eine elektrische Schreibmaschine aus, die in eine Art Pult eingelassen war. Das Getippte wurde gleichzeitig in Bremen wie in Hannover auf einer Papierrolle sichtbar, die man zum Schluss einfach abriss und einsteckte. Beim Schreiben musste man unbedingt darauf achten, dass nicht gleichzeitig von beiden Seiten getippt wurde, sonst verhedderten sich beide Tastaturen unter Protest.

Was die von meinem Liebsten sorgfältig aufgehobenen Gespräche am Fernschreiber erzählen, erstaunt mich heute. Damals drehte sich in Bremen alles um das große Baugebiet "Neue Vahr", das dem zerbombten Bremen endlich wieder Wohnungen verschaffte. Sogar ich als junge Volontärin hatte damals viele der zahllosen Termine auf den schnell wachsenden Baustellen wahrzunehmen, bei denen ich führende Leute der Bauverwaltung kennenlernte.

Natürlich kamen auch private Gespräche vor. An meiner Hand fiel der Verlobungsring auf. Was mein Verlobter studiere, wurde ich gefragt. "Ingenieurwesen". Und was speziell? "Straßen- und Städtebau."

Wie es in der freudig arbeitsamen Aufbauzeit häufig geschah, hieß es sofort: "Wir haben da großen Bedarf, Ihr Verlobter könnte nach dem Examen sofort eine Stellung haben. Wollen Sie nicht nach Bremen übersiedeln, Ihnen gefällt es doch auch hier, oder?"

Meinen Briefen und Fernschreiben nach, die mein Liebster sämtlich aufhob, haben wir tatsächlich eine Zeitlang erwogen, nach Bremen zu übersiedeln, dessen schönes historisches Zentrum den Bombenkrieg durch Zufall erstaunlich gut überstanden hatte. Aber in Hannover hatten sich noch verlockendere Berufsaussichten angebahnt.

Sein Doktorvater an der Uni Hannover hatte ihn nämlich einem Mann als Mitarbeiter empfohlen, der die Luftfahrt in Deutschland wieder möglich machen wollte, Dr. Friedrich

Petzel, einem frühen, aber nicht "belasteten" Luftfahrt-Experten. Es war ein Studentenjob, der bezahlt wurde, wenn auch mit sehr, sehr wenig Geld. Eine kleine Hilfe war es doch.

Seine Liebe zur Fliegerei brachte mit sich, dass er mit Leidenschaft bei der Sache war. Es ging darum, für einen neuen hannoverschen Flughafen ein passendes Gelände zu suchen. Der frühere Flughafen der Stadt in Vahrenwald war zerstört, außerdem zu stadtnah und zu klein und kam deshalb für einen Wiederaufbau nicht mehr in Frage.

Mein späterer Ehemann wusste von dem im Kriege geheimen, dann bis zur Unkenntlichkeit verwilderten Militärflughafen bei Langenhagen. Hier war er am 10. Mai 1940 zu seinem letzten "Feindflug" nach Dünkirchen gestartet, der mit dem Abschuss, langer Lazarettzeit in London und langer Gefangenschaft in Canada endete.

Im Auftrag von Dr. Petzel untersuchte und vermaß er das Gelände, zusammen mit Fachleuten vom hannoverschen Bauamt und fanden es denkbar passend. Ein Glücksfall geradezu!

Die Bauern hatten in der Nazizeit ihr Land für den Kriegsflughafen verkaufen müssen. Ob das Gelände jetzt der Stadt Hannover, der Stadt Langenhagen oder dem erst nach dem Kriege gegründeten Land Niedersachsen gehörte, weiß ich nicht mehr. Von wem es dann erworben werden konnte, weiß ich auch nicht mehr. Als die Planungen in Angriff genommen wurden, liefen gleichzeitig die vielen nötigen Untersuchungen. Das Gelände war generell nicht "baureif", und nicht zuletzt wollte man natürlich auf keinen Fall verborgene Blindgänger zubetonieren[16].

HIER WEITERSCHREIBEN:

1953 Umzug in unsere erste eigene Wohnung, eine vom Flughafen mitfinanzierte einfache Wohnungen in der Richthofen-Straße. Gegenüber waren noch Kleingärten 1957 Sprung in den Wohlstand mit Bau von eigenem Haus in der Heidesiedlung (Kleefeld) Einzug mit Kindern (der Ältere 2 Jahre, der Kleine drei Monate).

Anmerkung des Herausgebers

Mit diesen skizzenhaften Notizen enden die Aufzeichnungen meiner Mutter. Ihre körperlichen und geistigen Kräfte ließen ab ca. 2016/2017 immer mehr nach, zum Schreiben konnte sie sich immer weniger aufraffen. Der Verfall war nicht mehr aufzuhalten. Sie starb im Januar 2019, kurz vor ihrem 91. Geburtstag.

ANHANG

Während der von meiner Mutter erwähnten Deutschen Presseausstellung in Hannover vom 9. September bis 3. Oktober 1948 hielt sich mein Vater – damals noch ihr Verlobter – in Hamburg auf. Von der Messe schrieb sie ihm täglich einen Brief; hier zwei von vielen, die die damalige Situation auf der Ausstellung wiedergeben:

9. September 1948

Mein lieber Schatz!

Ich komme wohl nur dazu, Dir „Bettliege"-Briefe zu schreiben, es ist ja auch so gemütlich. Heute war nun der erste Messetag. Es war <u>sehr</u> wenig Betrieb, die Leute scheinen nicht viel Interesse zu haben. Es ist bisher auch noch nicht viel Reklame gemacht worden, die Zeitungen werden es nun wohl nachholen. Eigentlich ist es schade, daß solch eine großzügige und interessante Ausstellung so wenig Beachtung findet. Die Blumenschau ist sehr schön. Natürlich haben sie auch viele Veranstaltungen aufgezogen, Ballett und am Samstag ist ein ganz großer Journalistenball, ein „Winzerfest an der Leine", Abendanzug unerwünscht. Ich bin so tieftraurig, daß wir nicht hingehen können, Fridel Mumme und alle gehen hin, und es ist in bezaubernden Räumen mit einer Super-Riesentanzfläche (poliert!). Ist es nicht ein Jammer? Tut es Dir wenigstens auch leid?

Heute sind wir schon um 1/2 8 zur Messe gefahren und waren um 19.15 Uhr zurück. Herr Meyer bringt und holt uns mit dem Wagen, ab morgen mit einem neu gekauften Volkswagen.

Leider sind wir nun mit dem abendlichen Schlußmachen auf seine Gnade angewiesen. Er zögert es gern etwas hinaus, anscheinend. Aber man ist trotzdem eher und billiger zu Haus. Für Mittagessen hat er 1.50 DM angesetzt, woraus ja leider wenig Überschüsse zu erzielen sind. Irene[17] will auch, daß ich warm esse. Vielleicht tue ich es aber doch nicht und kaufe mir Fischbrötchen (mit <u>ganzen</u> Rollmöpsen drauf), nur darf es Ingrid nicht merken.

Etwas von der Messe selbst: Jede Zeitung oder Illustrierte hat ihren Stand mit Bildern usw. Eine ganze Rotationsmaschine ist aufgebaut, die dauernd Zeitungen spuckt, überhaupt die Herstellung einer solchen von A bis Z. Dann ist das gesamte Nachrichtenwesen aufgebaut, außerdem Geschichtsüberblicke über Papiergewinnung und Zeitungswesen. Ich bin schon etwas durcheinander vor Müdigkeit, bis eben habe ich den albernen Rock zugeschnitten. Obwohl im Stand nicht viel zu tun ist vorläufig, macht einen die lange Zeit doch müde. Freust Du Dich schon, wenn Du zurück kommst? Ich mich sehr. Ich küsse Dich ganz, ganz lieb und bringe Dein ganzes Haar durcheinander, aber es tut nicht weh. Grüß alle schön und Dich besonders von Deiner Elisabeth

16. September 1948

Mein Herzallerliebster!

Hab vielen, vielen Dank für Deinen lieben Brief, der

gestern ankam. Ich habe mich wieder ganz doll darüber gefreut, ich hatte noch gar nicht wieder mit einem gerechnet. Für die Marken neulich habe ich mich, glaube ich, noch gar nicht bedankt, eigentlich war ich ja ein bisschen ärgerlich, Du! Ihr solltet sie doch behalten, wo ich sowieso viel mehr gegessen habe. Mutti freute sich dann aber doch, weil wir gerade in der Dekade sind, für die sie uns das ganze Fett abgezogen haben. ... Unterbrechung: Eben kam eine von den Tombola-Mädchen und schwatzte solange, bis ich noch einmal so leichtsinnig war und ein Los kaufte. Es war ein Gewinn!! Ich hin zur Tombola, fürchtete ein abermaliges Abonnement der deutschen Volkszeitung – mitnichten: Es war ein Kinderbettlaken, tadellos. Prima, was! Aus Dankbarkeit habe ich dem Mädchen dann noch zwei Nieten abgekauft, jetzt habe ich gerade noch 30 Pfennig, damit finanziere ich das Porto für diesen Brief. Die Zeichnung in Deinem letzten Brief war zu nett, ich habe laut gelacht, so komisch waren die spitzen Finger des Professors und der arme, zappelnde P.P., vom Häschen, das weint, ganz zu schweigen. Dieser Brief wird hoffentlich zum Sonntag noch ankommen, in der beiliegenden Zeitung ersiehst Du übrigens, welcher Art mein kleiner Nebenverdienst ist. Wieviel ich für die Zeile bekomme, weiß ich allerdings noch nicht, ich bin mal gespannt. Ist die Geschichte wohl „ohnanständig"? Zeig sie man nich'! Das Schreiben macht mir aber Spaß. Dies Tages-Echo soll auch nach der Schau weitererscheinen. Ich habe noch zwei kleine Sachen laufen, eine erscheint morgen, die andere später. Das eine ist ein Vers mit einem lustigen Bild von Malle[18], da muß ich das Honorar mit ihr teilen, das andere eine kleine

Begegenheit, bei der ich auch das Honorar einer Wette wegen mit dem jungen Mann von Meyers teilen muß. Alsdann werde ich mich aber mehr auf die Sache stürzen. Der nette junge Redakteur hat gesagt, ich solle sehen, daß ich „dranbliebe", das Tages-Echo bezahlte so gut wie keine andere Zeitung, erschiene außerdem täglich, brauche also viel und solle den verhältnismäßig spritzigen und reißerischen Charakter behalten, ein richtiges Revolverblatt. Was meinst Du von der Sache? Außerdem ist es eine ganz neue Zeitung, die noch nicht viele Mitarbeiter hat. ---

Gestern habe ich meine Lösung zur Funklotterie eingesandt. Diesmal habe ich es <u>ganz</u> bestimmt richtig, sonst will ich Max heißen. --

Eben war wieder der junge Mann von der Setzerei des Tages-Echo da. Ich bin heute morgen allein hier, d.h. ein Herr v. Meyers ist heute Nachmittag gekommen, einer braust aber immer in der Ausstellung herum, weil nicht viel zu tun ist. Ach so, der junge Mann, wollte ich ja erzählen, hat eben gesagt, es wäre ein Jammer, daß ich verlobt wäre, er suche gerade „was". Voriges Jahr wäre seine Holde 8 Tage vor der Verlobung mit einem Tommy abgewetzt, jetzt sucht er was Solides. Vielleicht will er sich jetzt Ingrid warmhalten. Er hat mir 2 Äpfel dagelassen, einen für Ingrid, den ich ihr morgen mit wärmsten Empfehlungen von ihm überreichen soll. (Ingrid ist nämlich heute mit ihrem Vater nach Wolfenbüttel). Es ist ein etwas geschwätziger, aber ganz netter junger Mann. Ich schreibe auch so durcheinander, genau wie Du von Dir sagst, und gewiß aus dem gleichen Grunde. Eben lese ich Deinen Brief noch einmal durch. Also, es steigen noch meh-

rere Feste, aber wir gehen nur zu <u>dem</u> Fest, nicht wahr? Es soll der Presseball sein, wann ist noch nicht ganz klar, entweder am 25., 29. oder 2. Oktober. Ich freue mich drauf! Du auch? Da verprassen wir mein Zeitungsgeld, ja? Tjüs, mein lieber, lieber Schatz! Sei lieb gegrüßt und geküßt von Deiner
E.

Anm.d.H.: Das „Tages-Echo" wurde nach dem Ende der Presse-Ausstellung eingestellt. Siehe dazu auch diesen Ausschnitt aus einem ihrer Briefe an meinen Vater:

Du? Heute ist wieder nichts los! Es ist gähnend leer überall. Wenn ich noch an die Messe denke. Übrigens,- das Tagesecho geht wahrscheinlich ein, d.h., es war ja auch nur ein Ausstellungsblatt, aber es hält vielleicht nicht einmal die Ausstellung durch. Hoffentlich bezahlen sie mir mein „Honorar" noch. Du hast recht, das „Tages-Echo" ist unter den Zeitungen, was

unter den Theatern die Schmiere ist. Lieber Schatz, ich will noch schnell zur Post, die Zeit rast.

„Heute ist wieder <u>nichts</u> los! Es ist <u>gähnend</u> leer überall. Wenn ich noch an die Messe denke. Übrigens, das Tagesecho geht wahrscheinlich ein, d.h. es war ja auch nur ein Ausstellungsblatt, aber es hält vielleicht nicht einmal die Ausstellung durch. Hoffentlich bezahlen sie mir mein „Honorar" noch. Du hast recht, das „Tages-Echo" ist unter den Zeitungen, was unter den Theatern die Schmiere ist. Lieber Schatz, ich will noch schnell zur Post, die Zeit rast.

Fernschreiben zwischen Hannover und Bremen

Wie meine Mutter über ihre Zeit in Bremen schreibt, kam mein Vater abends in das Redaktionsgebäude der „Hanno-verschen Presse" in Hannover und kommunizierte mit ihr per Fernschreiber. In den Ausdrucken, die er aufgehoben ht, erfährt man auch etwas über den Redaktionsalltag bei der „Bremer Presse":

```
bremen   bitte  flr. voltmer  an  en   den app.
mon ja hier ist sie    guten abend
tag mein lieber schatz wie geht es hast du zeit fuer mich
guten tag   lieber lieber peter   ich habe jede menge zeit, wenn
ich meinen umbruch fertig habe. ich nheme an, dass in zehn minuten
ausgesetzt ist, dann verschwinde ich fuer einige minuten zum
umbrechen. was machen deine wohnungssoregen?
ich wohne ietzt erst ein mal bei der witwe ernst bis ich was besseres
fine
ja   wie lange sllen denn die bauarbeiten dauern? laenhger als vier
wochen oder so?
doch noch laenger aber ich will auch garnich mehr hin es ist zu
wenig platz und ich brauche ruhe fuers examen ich bin ganz aus der
fs uebung gekommen und finde die bichstaben nicht so schnellmehr
kunststueck, es ist ja auch schon vier wochen her. sag, warst du
im theater oder so?
,38, keine zeit gehabt wegen wohnung und soweiter was hast du denn
heute gemqcht
erst mal gestern. ich war morgens zu einem muetter- und saeuglings
him und habe ein negerbaby intrrwievt. dann gung ich um eins in die
```

,38, keine zeit gehabt wegen wohnung und soweiter was hast du denn
heute gemqcht
erst mal gestbrn. ich war morgens zu einem muetter- und saeuglings
him und habe ein negerbaby intrrwievt. dann gung ich um eins in die
redaktion und verblieb daselbst bis gegen vier uhr. alsdann stieg
ich im hotel in die badewannen, wusch mein goldhaar und pustete es
mit dem neuen foehn trocken. alsdann verspeiste ich ein vormittags
erworbenes suelzkottelett, das uebrigens so pirmexxx prima schmeckte,
dass ich dir gelegentlich eines scehenken werden, und dann war es
sioxx so weit, dass ich mich anziehen musste und in die '' csardas-
fuerstin 1950'' eilen musste. es war in der sporthalle, direkt
gegenueber vom hotel, und fing um 20 uhr an. daselbst waren bereits
egxx ehepaar traumann samt aeltester tochter von 17 versammelt,
und wir hoerten unds den schmarren an. es war aber doch ganz nett,
weil es vollkmommen auf neu poliert warn, mit kabarettistischen
einlagan, jazz und tanz, tanz , tanz. (auhch nackttanz)
aber sdas maedchen ko n n t e .wenigstens tanzen, das ging dann noch
an. immerhin sassen wir in der dritten reihe und e es war sehr
mfeierlich. an schlissend wollte ich dir eigentlich noch einen brief
schreiben, aber das monstrum fuerstin dauerte bis dreiviertel zwoelf
.heute morgen bin ich spaet aufgestanden und dann zum mittagessen
zu unserem zeichner friedrcihs xxx friedrichs gegangen, wo ich
eingeladen war. ich bin sehr gesittet mit blumenstrauss hingegangen,
weil ich die frau des hauses (sehr nett) noch nicht kannte. war das
richtig?
ja natuerlich wars richtig uebrigens rech herzlichen dang fuer deinen
lieben brief mit zigaretten inhalt waren ganz gross und ich habe g
geraucht wie ein schlot uebrigens soll ich dich herz lich gruessen
a von deinen eltern und sie freuten sich drauf dass du naechste woch
kommst und b von ernst otto dessen diplom wir gestern ganz gross
gefeiert haben nafyxxx nachts um zwei haben wir dem welfenross
zwei flaschen steinhaeger um gehaengt eine um seine linke vorder
pfiote toll wars oder findest du das zu kindlich
zwenn es leere flaschen waren, bin ich soager damit einverstanden,
dass ihr sie em landesvater sebst umhaengt. du, wie wars denn bei den
arcnitekten? ich muss eben mal in den umbrch, schreib ruhig weiter

s sssssssieht es denn zwichendurch kein anderer? na s schon zu spaet.
macht ia auch nichts wir haben ja hoechste erlaubniss also bei den
architekten war es toll geradezu ich war allerdings nich selbst
da hatte allein doch nicht die rechte lust und wollte acuxxach
auch die ,,zeitlieber fuer gemeinsame unternehmungen spaaren
nbn   bin mal eben wieder da, es ist noch nicht so weit, dabei habe
ich alles manuskript puenktlich hingegeben. um zehn faehrt doch der
wagen. na mir ist es egal. also   momm mal
mmein gedankenfaden voellig gerissen, war aber was wihtiges   mom

Anmerkungen des Herausgebers

[1] bei Göttingen

[2] Wohnstift in Hannover-Kleefeld, in dem meine Eltern zuletzt wohnten

[3] Gemeint ist wahrscheinlich der „Heinemanhof" in der Brabeckstraße in Hannover-Kirchrode. Das „Jüdische Damenstift" wurde 1941 aufgelöst und geräumt. Das Gebäude überstand den Krieg; heute befindet sich darin ein städtisches Alten- und Pflegeheim.

[4] Die Bewohnerinnen wurden in KZs und Vernichtungslager deportiert und ermordet (Quelle: Wikipedia)

[5] Komponist war Norbert Schultze (1911-2002), von dem auch der bekannte Schlager „Lili Marleen" stammt

[6] „Operation Gomorrha" vom 24. Juli bis 3. August 1943. Unter den (geschätzt) 34.000 Toten befand sich auch die erste Frau meines Vaters, seine Jugendliebe, die er per Ferntrauung geheiratet hatte, während er sich in kanadischer Kriegsgefangenschaft befand

[7] Diese Begebenheit hat meine Mutter im Lauf ihres Lebens immer wieder erzählt, so sehr hatte sich dieser Vorfall in ihr Gedächtnis eingegraben

[8] Gemeint ist vermutlich: Es wird wieder gefeiert

wie vor dem Krieg – das Schützenhaus samt angrenzendem Platz gibt es seit 1827 – oder besser gesagt „gab", denn auch dieser Bau wurde im Krieg zerstört

[9] Ihren Ekel vor Ratten hat meine Mutter im Laufe ihres Lebens immer wieder erwähnt – u.a. auch im Zusammenhang mit Orwells Roman „1984". Darin gibt es eine Szene, in der der Held Winston mit der Drohung gefoltert wird, dass hungrige Ratten sein Gesicht anfressen. Als wir das Buch Anfang der 70er in der Oberstufe durchnahmen, erzählte meine Mutter sofort von diesen Kriegserlebnissen mit den Ratten in der Baracke und von dem Horror, den die Lektüre dieser Romanszene in ihr ausgelöst hatte.

[10] Weil im Morsealphabet bekanntlich jeder einzelne Buchstabe mit Punkten und Strichen gesendet werden muss, werden mit den „Q-Gruppen" noch heute standardisierte Nachrichtensätze auf drei Buchstaben reduziert, um Zeit bei der Übertragung zu sparen. So bedeutet z.B. QAM: „Wie lautet der Wetterbericht?" oder QRA: „Wie ist der Name Ihrer Funkstelle?" (Quelle: Wikipedia)

[11]

[12] Hartmann Lauterbacher (1909-1988) war ein berüchtigter NS-Funktionär, der sich schon in den 1920er Jahren der NSDAP angeschlossen hatte. Nach 1933 absolvierte er eine steile Partei- und Funktionärskarriere in der Nazi-Hierarchie. In sei-

ner Amtszeit fiel u.a. auch die Deportation der Juden in Hannover („Aktion Lauterbacher"). Nach dem Krieg wurde er zwar für kurze Zeit interniert, juristisch aber nie wirklich zur Rechenschaft gezogen. Er schaffte es, Deutschland unbehelligt zu verlassen, lebte - teils unter falschem Namen - im Ausland und blieb, wie eine spätere Buchveröffentlichung von ihm belegt, bis zu seinem Tod überzeugter Nazi.

[13] 2013 war ich mit meiner Mutter dort

[14] Den zeitlichen Ablauf der damaligen Ereignisse kann man heute - Wikipedia sei dank - leicht nachlesen. Die beiden letzten Luftangriffe auf Hannover fanden am 28. und 29. März 1945 statt. Am 4. April hielt Lauterbacher seine berüchtigte „Lieber tot als Sklav"-Rede, bevor er sich am 8. April, als Handelsvertreter getarnt, in den Harz absetzte und von dort weiter nach Kärnten floh. Der nahezu kampflose Einmarsch der Amerikaner in Hannover erfolgte am 10. April 1945, also fast einen Monat vor Kriegsende am 8. Mai.

[15] Carl Friedrich Goerdeler (1884-1945) gehörte zu den führenden zivilen Köpfen des Widerstands im Dritten Reich und war maßgeblich an der Planung des Attentats vom 20. Juli 1944 beteiligt. Seine Tochter Marianne überlebte das KZ.

[16] Mein Vater hat diese frühe Planungs- und Bauphase des neuen Flughafens Langenhagen mehrfach in Artikeln und Beiträgen in Büchern detailliert

beschrieben, u.a. in dem Buch „Flugziel Hannover"
von Dieter Tasch und Horst-Dieter Görg, Verlag
Leuenhagen & Paris, 2010, ISBN
978-3-923976-75-1 und im Magazin „Luftverkehr"
des Flughafens Hannover, Sonderausgabe 1995
(anlässlich des 80. Geburtstags meines Vaters)
17

18 Marie-Luise, ihre ältere Schwester

Die Autorin

Elisabeth Piper (geb. Voltmer) wurde 1928 in Hemmendorf (Kreis Hameln/Pyrmont) geboren. Kurz danach zogen ihre Eltern nach Hannover um. Als Kind und Jugendliche erlebte sie Nazizeit und Krieg mit, die Zerstörung Hannovers im Oktober 1943, als Erwachsene die Kapitulation und die Wiederaufbaujahre. 1949 begann sie ein Volontariat bei der „Hannoverschen Presse". Nach Anfangsjahren als festangestellte Lokalredakteurin war sie als freie Journalistin und Autorin für Zeitungen im ganzen Bundesgebiet tätig. Außerdem verfasste sie einen Reiseführer über Hawaii und gab zwei Gedicht-Anthologien heraus.

Der Herausgeber

Albrecht Piper wurde 1957 in Hannover geboren. Nach Abitur und Grundwehrdienst zog er 1978 nach Berlin (West), wo er u.a. Schauspiel, Germanistik und Musikwissenschaft studierte. Einige Jahre war er als Schauspieler tätig, bevor er 1996 als Nachrichtensprecher und -redakteur beim damaligen SFB (jetzt RBB) anfing. Diese Tätigkeit übt er bis heute aus.

Weitere Werke von Elisabeth Piper:

Von Goethe bis zu Tante Grete – Gelegenheitsverse heiter betrachtet
Bleicher Verlag 1991, ISBN 3-88350-408-4

Hab Sonne im Herzen – Kleine Fundgrube für Optimisten und alle, die es gerne wären
Bleicher Verlag 1993, ISBN 3-88350-369-X

Richtig Reisen – Hawaii und Südsee (Mitarbeit)
DuMont Buchverlag Köln 1983 (2. Aufl. 1989)
ISBN 3-7701-1338-1